JN410316

13+1

책쓰기 프로젝트 1

13+1
열세 소녀의 꿈으로 그린 책

초판 1쇄 찍은 날 / 2009년 6월 15일
초판 2쇄 찍은 날 / 2009년 7월 5일

엮은이 / 한 준 희
펴낸이 / 박 진 환

펴낸 곳 / 만인사
등록번호 / 1996년 4월 20일 제03-01-306호
주소 / (우)700-813 대구광역시 중구 대봉2동 743-7
전화 / (053)422-0550
팩스 / (053)426-9543
홈페이지 / www.maninsa.co.kr

ISBN 978-89-6349-003-8 03810

값 13,000원

13+1

책쓰기 프로젝트 1

열세 소녀의 꿈으로 그린 책

한준희 엮음

만인사

접속과 횡단, 그리고 생산

외부와 접속하라(Connect),
경계를 횡단하라(Traverse),
차이를 생산하라(Becoming).
—고미숙의『아무도 기획하지 않은 자유』에서

몇 년 전부터 대구통합교과논술지원단을 운영하면서 정말 많은 사람들을 만났다. 사람들만 만난 것이 아니라 그들이 지닌 생각과도 만났다. 통합교과논술이란 기본적으로 교과간의 교섭을 내포하는 개념이다. 국어과를 담당하고 있지만 그동안 수학, 과학, 사회, 역사, 지리 등의 모든 교과목의 교사는 물론 교과가 지닌 지식과 마음을 만났다. 그때까지만 하더라도 나는 그것이 단순히 대학입학시험의 한 부분인 논술을 대비하는 단순한 과정에 불과했다. 나아가 교사의 일방적인 주입식 수업으로만 이루어지는 교실수업을 개선하고 아이들의 능동적인 참여가 이루어지는 학교교육을 만들고 싶은 욕구도 존재했다. 그런데 신기한 것은 그러한 만남을 통해 나는 점점 넓어졌다. 내 지식의 허상과 내 생각의 좁음을 깨달았다. 그러면서 다른 세상으로의 만남에 대한 욕구는 더욱 절실해졌다. 그래서 나와 생각이 다른 사람들과도 만남을 시도했다. 같은 생각을 지닌 사람보다는 오히려 다른 생각을 지닌 사람과의 만남이 나에게는 더 많은 도움이 되었다. 그렇다고 내 생각을 완전히 버린 것도 아니었다. 그 사이를 넘나들면서 자유롭게 사고했다. 그건 '사이 넘어서기', 바로 길의 운동성이었다. 길은 끊임없이 움직인다. 좁아지기도 하고 넓어지기도 하고 생성되기도 하고 소멸되기도 한다. 길의 운동성. 꿈꿔라, 그리고 걸어라. 그러면 길은 존재한다. 아니, 창조된다.

다른 생각들과의 만남이 다양하게 이루어지면서 내 지식이 지닌 좁음과 미약함 그런 것들을 뼈저리게 느꼈다. 서로 다른 영역의 사람들을 만나면서 그들의 지식과 내 지식을 접목했다. 진정 접목하기 위해서는 나의 지식을 버려야 한다. 이때 버려야 한다는 건 지식 자체가 아니라 지식에 포함된 편견이다. 지식에 포함된 내 아집과 애착이다. 거기에서 '횡단' 이 생성된다.

내 고유의 공간에 집착하고 거기에 몰입하는 건 하나만 얻을 수 있다. 하지만 나를 묶고 있는 그 고착된 끈을 풀고 다른 삶, 다른 사유, 다른 가치를 찾아 끊임없이 이동하면 많은 것을 얻는다. 달려가면 잡힐듯한 꿈들이 많았다. 하지만 그 꿈들은 언제나 나보다는 한 발짝 앞에서 달려가 버렸다. 내가 기어가면 걸어가고, 걸어가면 달려가고, 힘겹게 달려가면 날아가 버렸다. 이제야 안다. 그렇게 힘겹게 달려가서 멈추는 거기가 꿈이 아니라 그러한 과정 자체가 바로 진정한 꿈이란 것을.

열세 소녀의 꿈으로 그린 책 『13+1』은 바로 접속과 횡단, 그리고 생산의 결과물이다. 논술 교육을 하면서 만났던 생각들을 정리하면서 논술 교육에서 다소 부족한 감성의 창을 새롭게 열었다. 그러한 마음들을 이른바 'RWD(Reading, Writing, Dream) 프로젝트' 로 체계화하여 독서와 글쓰기를 통해 자신의 꿈을 찾아가는 교육을 시도했다. 책쓰기 교육은 바로 'RWD 프로젝트' 의 마지막 과정이다. 논술 교육보다도 책쓰기 교육은 더욱 열려진 공간을 요구한다. 우리는 걷고 생각하며 이야기를 만든다. 사실 그 이야기가 모두 드라마이고 뮤지컬이 된다. 우리 삶이 바로 드라마이고 뮤지컬인 셈이다. 정치가나 혁명가가 진정 세상을 바꾸는 것은 아니다. 사람들의 마음 속에 들어가 그들을 행복하게 만드는 수많은 크리에이터들이 세상을 바꾼다. 다른 사람을 행복하게 만들 수 있다면 그는 이미 크리에이터이다. 크리에이터는 스토리를 만드는 사람이다. 결국, 그건 바로 이 글을 읽는 당신이다.

『13+1』은 13 권의 옴니버스식 소책자를 한 권으로 묶은 것이다. 작은 책마다 독자성을 최대한 살렸다. 여기에 실린 열세 편은 18세 소녀들의 꿈이다. 소설가, 심리 상담사, 도서관 사서교사, 경찰, 선생님, 파티 플래너 등 아이들의 미래가 담겨 있다. 아름다운 이야기도 있고, 슬픈 이야기도 있으며 행복한 이야기도 있다. 자신의 꿈을 향한 아이들의 때묻지 않은 고민과 진정성, 성장통이 읽혀진다. 자신의 꿈이 무엇인지도 모르고 단지 주어진 기계적인 학습에만 매달려 있는 많은 청소년들에게는 무척 충격적인 보고서가 될 것이다. 꿈을 찾아가는 것은 분명 교육의 궁극적인 귀착점이다.

내가 사는 곳은 대구라는 도시이다. 대구는 어느 도시보다도 따뜻한 도시이긴 하지만 그래서 변화를 부정하는 곳이기도 하다. 그건 일종의 잠재의식이다. 어디서부터 시작된 것인지는 알 수 없지만 무의식적인 힘으로 우리를 지배한다. 그것은 교육을 담당하고 있는 나도 마찬가지일 것이라는 생각이 든다. 요즘은 신문을 보기가 두렵다는 사람이 많다. 신문에는 온통 할퀴고 간 상처의 흔적으로 가득하다. 어차피 우린 지금, 여기에 존재하고 있는데 누군가는 벌써 절망을 말한다. 하지만 지금, 여기는 항상 진행 중에 있다. 물론 어디로 어떻게 진행될 것인지는 언제나 정해져 있지 않다. 희망과 절망을 확정하려는 열망은, 우리가 지금 '과정' 중에 있으며, 앞으로도 '과정 중의 존재' 일 수밖에 없다는 사실을 부인하려는 태도, 더 정확히 말하자면 '과정을 빨리 끝내고 싶은' 피로감의 산물일지도 모른다. 사실 내 사고와 지식은 보잘 것 없다. 하지만, 그 보잘 것 없음을 '접속' 하고, '횡단' 하고, '생산' 하는 것으로 채우고 싶다.

이 책이 나오기까지 많은 분들의 성원과 따스한 애정이 있었다. 묵묵히 따라준 열세 명의 아이들, 책쓰기 교육이란 새로운 세계를 알려준 서울 숭문고 허병두 선생님, 함께 길을 걷는 북모닝대구지원단 선생님들, 채상열 교장 선생님과 한원경 장학관의 관심과 격려가 커나큰 버팀목이 되었다. 또한 어려운 여건 가운데서도 기꺼이 출판을 맡아준 만인사 박진형 시인께도 감사의 말씀을 올린다.

『13+1』은 나의 것이며 우리 모두의 것이다. 이 책은 잠재된 다음 세대의 꿈을 엿볼 수 있는 시금석이 될 것이다. "네 시작은 미약하였으나 나중은 심히 창대하리라."는 금언처럼 이 책쓰기 운동이 전국의 학교로 들불처럼 번져 나갔으면 하는 바람 간절하다.

2009년 5월

책뜨락에서 한준희

한국판 그루웰과 자유의 작가를 함께 하는 즐거움

한원경 · 대구광역시교육청 장학관

1994년 그루웰 선생님은 미국 캘리포니아 롱비치 윌슨고등학교에 부임합니다. 상처투성이인 학생들에게 교과서를 접고 '관용'과 솔직한 '글쓰기 교육'을 시작합니다. 학생들은 마음의 상처를 치유하고 자신의 꿈을 찾아 갑니다.

그루웰 선생님은 자유의 작가 재단을 만들어 남들과 꿈을 나누고 있습니다. 한 선생님의 열정이 미국의 학생과 미국이라는 나라를 바꾸고 있습니다.

먼 나라의 이야기만 아닙니다. 대한민국 대구 경명여자고등학교에 지난 해 한준희 선생님이 '꿈반이'를 만들었습니다. 입시교육에 지친 학생들에게 '꿈'을 찾기 위한 책쓰기 교육을 시작한 것입니다.

13명의 학생들은 자신의 마음 속에 숨겨두었던 열정을 찾고 미래의 꿈을 발견합니다. 한 사람 한 사람 '자유의 작가'가 되어서 말입니다. 1년 동안 각자의 마음 속에서 꿈꾸었던 이야기를 책으로 엮어 또래의 대한민국 학생들과 꿈을 함께 나누려 합니다.

한준희 선생님의 마음은 대한민국의 학생과 대한민국이라는 나라를 바꾸려 합니다. 미국과 한국, 지구촌 안에서 시공은 다르지만 너무나 흡사한 일이 일어나고 있습니다. 한준희 선생님과 꿈을 그리는 아이들이 전하는 『13+1』을 통해 한국판 그루웰과 열세 명의 자유로운 작가를 만날 수 있습니다.

이 책을 통해 그 즐거움을 누리시기 바랍니다. 그리고 이 책을 읽는 독자들도 '자유의 작가' 되는 꿈을 꾸기를 바랍니다.

"네 꿈을 책으로 쓴다면, 그 꿈은 이루어진다."

Contents

13+1

책쓰기 프로젝트 1

1 서윤정 | 어느 몽상가

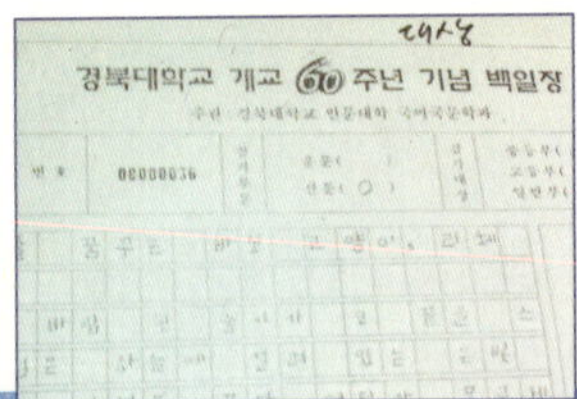

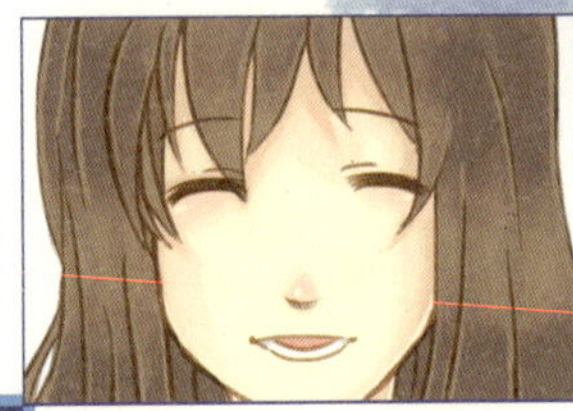
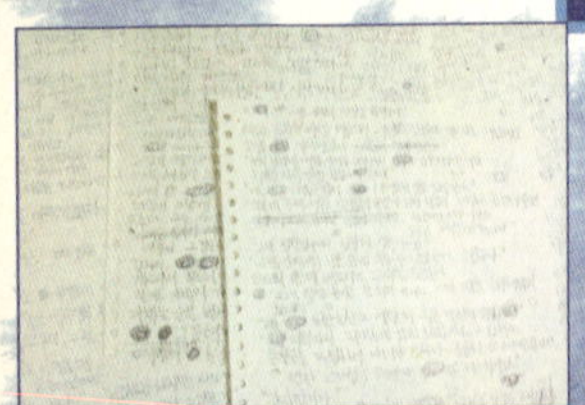

주인공 리체는 귀족 혈통을 이어받고 귀하게 자랐지만, 자신에게 주어진 환경에서 탈출함으로써 봉건 사회에서 근대 사회로 나아가는 혁신적인 인물입니다. 그러나 본성이 유하고 어려움 없이 자란 탓에 자신에게 무차별적으로 닥쳐오는 고난에 힘겨워하기도 합니다. 리체는 베르디 앞에서는 큰 소리 한 번 못 치는 나약한 모습을 보이기도 하지만, 끝까지 자신을 꿈을 포기할 줄 모르고 진심으로 노력합니다. 그리고 결국 수많은 동물들 앞에서는 훌륭하게 연설을 해내 그들의 마음을 움직이게 됩니다. 다른 동물들과는 달리 바른 것에 눈 뜨고, 그것을 갈망하지만 쉽게 열등감을 느끼며 좌절하기도 합니다. 또한 리체에게는 지도자로서 서고 싶어 하는 끝없는 욕망도 내재돼있습니다. 그리고 그 욕망은 결국 또 다시 드넓은 세상으로 떠나는 것으로 표출됩니다.

몽상가 윤정이의

베르디는 매사에 부정적이고 얼음 같은 인물입니다. 개인에 대해서도 냉정한 판정을 내릴 만큼 사무적인 성격이고 뛰어난 결정력과 상관조차 압도하는 카리스마를 가지고 있습니다. 그렇지만 그의 심장에도 자유를 꿈꾸는 뜨거운 피가 흐르고 있습니다. 같은 꿈을 꾸고 있는 리체에게 마음이 끌리고 그에게 매료되지만 겉으로는 그것을 숨기려고 애씁니다. 그러나 결국 리체처럼 살고 싶은 욕망을 저버리지 못하고 결국은 리체와 뜻을 같이 하게 됩니다. 마지막에는 떠나는 리체를 따라가고 싶어 하지만 자신이 이끌어 가야할 많은 이들을 저버릴 수 없어서 리체의 뒷모습을 쓸쓸히 바라보는 인물입니다. 베르니에는 만인에게 상냥하게 대하며 늘 온은하고도 향기로운 미소를 띠우고 있습니다. 모두가 그런 그녀를 사랑하고 그녀도 사랑을 베풀려고 노력합니다. 그러나 그녀의 가슴 속에는 날카로운 단검이 숨겨져 있습니다. 사실 그녀의 성격은 이해 타산적이며 기회주의적입니다. 그것을 아름다움과 다정함에 교묘하게 가리고 있을 뿐입니다. 그녀는 자신의 목적을 위해서 주위 사람들 속이며 스파이로서 임무를 완벽하게 수행해내지만, 마지막에는 정을 이기지 못해 단검으로 스스로 찌르는 비극을 택하는 인물입니다.

[THE **DREAM** PROJECT ~ FIRST GENERATION]

어느 날, 자그마한 터키쉬앙고라 한 마리가
내 머릿속으로 걸어 들어와 말을 걸었다.
"난 지금 자유를 찾아 여기까지 왔어. 너는 무엇을 찾아 헤매고 있니?"

자유를 꿈꾸는 바보 고양이, **리체** (06.10.18 ~ 07.02.12)

라이언은 어눌함 속에 발톱을 숨기고 있습니다. 말을 더듬고 마냥 순진하게 행동하지만 행동이 재빠르고, 유난히 눈도 크고 귀도 밝으며 후각도 뛰어납니다. 그 때문에 중요한 임무를 부여받고 비밀리에 활동하는 인물입니다. 남들에게 라이어(거짓말쟁이)라고 놀림 받고 멸시 당하기 일쑤지만 그것을 불평하지 않고 마지막엔 그들을 위해, 자신의 한 몸을 희생할 줄 아는 진실한 인물입니다. 리체가 양지라면, 그는 음지라고 할 수 있습니다.

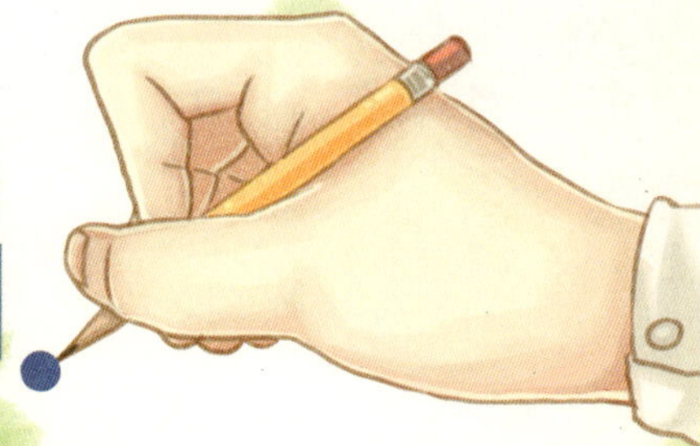

〔INTRO〕

소녀, 몽상가를 만나다 ★

오늘도 저의 하루는 **책**들과 함께 흘러갑니다.

활자 사이에 숨겨진 **이야기**들을 읽거나
저의 **감정**들을 글로 표현해내는 일은
언제나 가슴이 벅찰 정도로 **행복합니다.**

다들 이해하지 못하겠다며 손을 내젓지만,
언젠가는 모두를 **감동**시킬 수 있는 글을 써서
그런 그들에게도 **문학의 향기**를 전하고 싶습니다.

오늘은 기다렸던 **백일장 결과 발표**가 있습니다.

올해는 다른 어느 때보다 최선을 다한 만큼,
좋은 결과가 있길 기대하고 있습니다.

'참방'

그러나 예상은 이번에도 어긋나고 말았습니다.

떨리는 손으로 상장을 받아드는 저에게
선생님은 냉랭한 목소리로 말씀하셨습니다.

"이건 **네가 글쓰기에 재능이 없다**는 걸
여실히 보여주는 거라고 할 수 있다.
혹시라도 그 쪽으로 꿈을 가지고 있다면
일찌감치 포기하는 게 좋을 거다.

게다가 **글 따위**를 써서는
밥 먹고 살기 어려우니
안정된 공무원이나 되어라.
다 널 생각해서 그러는 거다."

하지만 선생님의 눈에서
진심은 찾아볼 수 없었습니다.

"우와! 너 이번에도 장원이구나!"

"역시 **천재**라니까. 타고났어! 부럽다~"

장원을 받은 아이는
어깨를 한 번 으쓱하더니 대답했습니다.

"뭐 이 정도쯤이야. 우습지!
상 받는 것도 이젠 질려.
상장이 너무 많아서 둘 데도 없다니까.
게다가 이번에는 쓰기 싫어서 **대충** 써냈는걸."

선생님의 말씀을
인정하고 싶지는 않지만
이제까지의 백일장 결과가 그것이
진실임을 말해주고 있었습니다.

정말 **재능이 없는 걸까요?**
이제 **기대를 접어야할까요?**
제 꿈은 저 아이 같은
천재에게나 어울리는 것일까요?

그렇다면 저는… **이제 어떻게 해야 할까요?**

서윤정/어느 몽상가

어떻게 집에 돌아왔는지 모르겠지만,
정신을 차려보니 저는 제 방문을 급하게 열고 있었습니다.

그리고 방에 들어서자마자
곧바로 책으로 손을 뻗었습니다.

책을 마주하자마자
신기하게도 우울한 생각들은
하나 둘 자취를 감추었습니다.

"「**몽상가**」라……. 어떤 내용일까?"
깊게 숨을 들이쉬며
천천히 책 속으로 빠져들기 시작했습니다.

CHAPTER 1

몽(夢)

— 꿈에 대한 단상

★ 글쓰기가 생활이었던 아이

엄마의 표현을 빌리자면 나는 '어렸을 때 내~ 엎드려서 뭔가를 끌쩍이던' 아이였다. 그림을 그리고 이야기를 만드는 걸 좋아하던 나는 글자를 배우면서 서툴고 유치하지만 지어낸 이야기들을 공책에 쓰기 시작했고, 인터넷을 배운 뒤에는 홈페이지에 소설을 써올리며 놀았다. 남들이 쓰기 싫어했던 일기도 꼬박꼬박 잘 썼고, 학교 행사 중에는 백일장을 가장 좋아했다. 그야말로 글을 쓰는 것에 대해 겁이 없는 아이였다.

★ 소설을 만나다

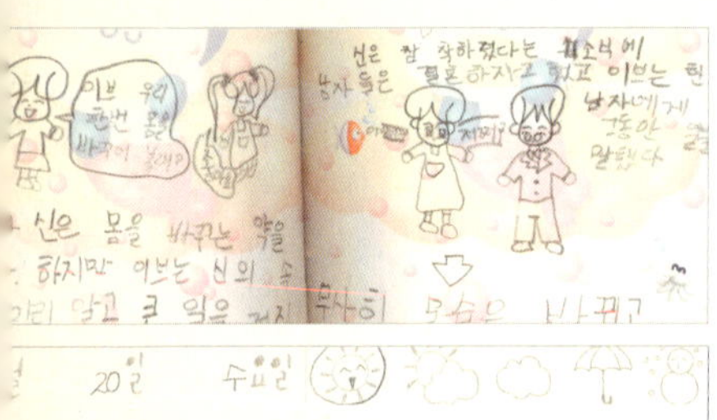

▲ 9살 때 그린 창작 만화

▲▲ 초등학교 5학년 때 쓴 일기

글쓰기에 깊게 빠져들면 들수록 내 자신의 한계에 부딪치게 된다. 유려하거나 정확한 문장을 쓸 줄 아는 것도 아니고, 톡톡 튀는 창의적인 표현을 쓰지도 못한다. "소설이 전달하려는 것은 메시지다."라는 생각을 가지고 있다 보니 기교를 기르는데 소홀했기 때문이다(그렇다고 주제 전달력이 뛰어난 것도 아니다). 이런 고민을 나눌 수 있는 사람이 없다보니 혼자서 속앓이할 수밖에 없었다.

그런 의미에서 올해 교육청에서 주관한 문예 창작

영재 수업은 내가 한 단계 성장하는 하나의 발판이 되었다. 매주 토요일마다 다른 것은 잠시 잊고 오직 소설만 생각할 수 있어서 행복했다. 정식으로 글쓰기에 대해 배우는 것도, 같은 꿈을 꾸고 있는 또래와 만나는 것도 설레는 일이었다. 또한 현재 문단에서 활동하고 있는 작가들의 진솔한 이야기를 들으며 그들의 고충이나 소설의 의미를 진지하게 생각해 볼 수 있었다.

그러나 낙천적이지 못한 성격 탓에 애를 먹기도 했는데, 칭찬 듣는 것에만 익숙하다 보니 수업을 하다가 듣는 비평에 쉽게 마음이 상했다. 그래서 수업이 끝난 뒤 나의 무능함을 곱씹으며 하루를 보낸 날도 꽤 된다. 그러나 그 모든 것이 좋은 글을 쓰기 위한 과정이라고 생각하며 자신을 타이르고 달랬고, 다행히도 커리큘럼이 끝날 무렵에는 수업에서 받는 스트레스의 상당 부분을 극복할 수 있었다.

★ 교수가 되기를 꿈꾸는 예비 문학도

습작을 워낙 좋아하다보니 다들 내가 소설가가 될 거라고 생각하는데 내 꿈은 국어국문학과 교수가 되는 것이다.

초등학교 이후로 내 장래희망은 일정한 범주 안에서 계속 커나갔는데, 처음에는 초등학교 선생님이었다가 그것이 국어 선생님으로 구체화되었고, 중 3 무렵에 국어국문학과 교수로 결정되어 지금까지 이어지고 있다. 공부하는 것과 가르치는 것을 둘 다 좋아하다 보니 학자와 교육자의 길을 동시에 갈 수 있는 직업인 교수가 되어야겠다고 생각했기 때문이다.

일단은 국어국문학과에 진학해 경제경영학을 복수 전공하려고 한다. 그리고 대학원까지 졸업한 뒤 소설이나 평론 분야에서 연구를 하고 후진을 양성하는 게 최종 목표이다.

아직 10년여 후의 일인데다 대학을 경험해보지 않아서 막연하긴 하지만, 부단히 노력하고 있으니 내가 가고 있는 이 길의 끝에는 '꿈'이 기다리고 있으리라 믿는다.

★ 나의 보물, 문학 노트

고등학생 때부터 정리하기 시작한 문학노트는 무엇과도 바꿀 수 없는 소중한 보물이자 큰 재산이 되었다. 공부하다가 만난 작품들을 나름대로 정리해두고 있는데, 공부가 잘 안 될 때 노트를 정리하거나 읽으면 금세 다시 기운이 생긴다.

이론 필기나 중요 포인트 정리 위주로 자유롭게 정리한다. 가끔은 작품을 읽고 떠오른 생각이나 이미지를 글이나 그림으로 표현해두기도 한다.

평소에는 수학이나 영어를 공부하기 바빠 문학 공부는 상대적으로 비중이 적은데, 한 번 시작하면 2~3시간은 기본으로 훌쩍 보내버린다. 깊이 빠져들어서 빠져나오기가 힘들기 때문에 솔직히 문학 공부하기가 점점 두려워진다. 그만큼 국어와 문학에 대한 나의 애정은 각별하다.

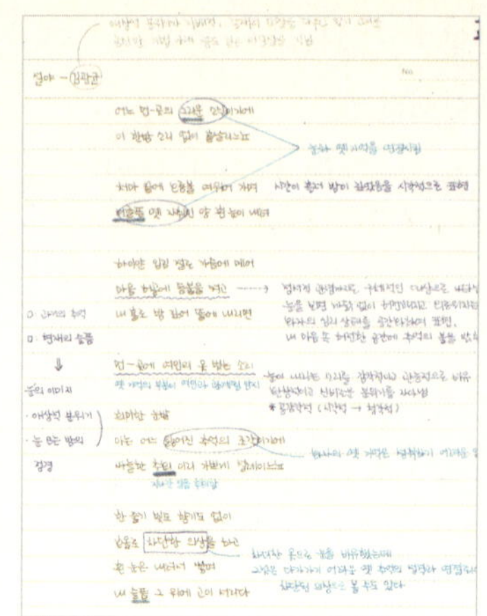

문학 노트의 일부 ▲

천재가… 되고 싶었다…….

근거 없는 자신감과 병적인 열등감으로 내 자신이 분열되고 있었지만 상관하지 않았다.

그러나 아무리 애써 봐도 언제나 제자리였다.
무지개는 야속하게도 잡힐 듯 잡히지 않았고 자꾸만 손가락 사이로 빠져나갔다.

그렇게 스스로를 벼랑으로 내몰며 지내던 어느 날,

우연히 고개를 돌렸다가 그곳에 서있는 또 다른 나를 보았다.

그 아이는 아무 말도 하지 않았다.
단지 있는 힘껏, 온 힘을 다해 웃어줄 뿐이었다.
그저 얼굴을 잔뜩 찡그리는 거나 다름없었지만 분명히 웃어 보이려고 애쓰고 있었다.

'이젠… 네가 울 차례야…….'

그 순간, 나는 하나의 세계가 스러져가는 소리를 들었다.

그러나 되돌리기엔 이미 늦어버렸던 걸까…?

夢想家

CHAPTER 2

상(想)

— 원고지에 써내려 간 꿈

★ 자유를 꿈꾸는 바보 고양이, 리체

스산한 바람 한 줄기가 코끝을 스치운다. 검은 하늘에 걸려 있는 은빛 쇠갈고리 하나가 좀 전부터 시선을 끌고 있다. 어딘가 모르게 쓸쓸한 그 빛이 나와 닮아 있었기 때문일지도 모른다.

"정말 갈거니, 리체?" (후략)

어느 봄날, 친구 지영이와 경북대학교 개교 60주년 기념 백일장에 참가했다. 상을 바라지 않고 순수한 목적으로 참가한 것이어서 부담이 없었다.

며칠 뒤 대회를 나간 일조차 까맣게 잊고 있던 내게 뜻밖의 소식이 날아왔다. 국어국문학과 교수님께서 나를 만나보고 싶다는 연락이 온 것이었다. 나의 첫 반응은 '갸우뚱' 이었다. 나를? 어째서?

만나기로 약속한 날, 학교를 마치자마자 경북대로 향했다. 꼬리를 물고 쏟아져 내리는 온갖 의문에 무거워지는 발을 끌며 교수실을 찾았다. 조심스럽게 안으로 들어서자 김주현 교수님이 나를 반갑게 맞으셨고 이어 다른 교수님 한 분이 오셨다.

그렇게 영문을 모르는 면담이 시작되었다. 소설을 구상하게 된 계기, 장래희망 등을 물어보셨는데, 그 중에서도 표절 여부에 가장 비중을 두셨다. 나는 '표절' 이란 말을 듣자마자 잔뜩 위축되어, 혹시 내가 표절을 해서 교수님들이 혼내시려고 부르신 건가?하고 더럭 겁을 먹었다. 지금 생각해보면 바쁘신 교수님들이 그런 수고를 하실 리 없는데, 당시 대회 경험이 한

번도 없었던 나로서는 그렇게 밖에 생각할 수 없었다. 나는 솔직하게 "독서량이 부족해서 비슷한 글이 있는지는 모르겠습니다만, 제가 생각해낸 내용의 일부를 써냈을 뿐입니다."라고 말했다. 거짓말 말라고 혼을 내실 줄 알았던 교수님은, "일부라면, 이게 다가 아니라는 건가?"라고 예상과 전혀 다른 반응을 보이셨다. "사실 이건 전체의 1/5정도예요.", "그렇담 완성된 작품을 보여줄 수 있겠니? 당장은 아니더라도 볼 수 있었으면 좋겠구나." 나는 고개를 끄덕이며 써보겠다고 했다.

그러나 곧바로 리체의 뒷이야기를 쓰는 것은 무리였다. 가슴 속에서는 벌써 창작의 펜대가 달리고 있었지만 쓸 시간이 도저히 나지 않았기 때문이다. 결국 본격적으로 집필을 시작한 건 겨울방학 때였다. 다들 고등학교 입시 준비에 바쁠 동안 나는 새벽까지 소설을 쓰다 잠이 들곤 했다. 머릿속에 들어있는 것을 글로 표현해내는 것이 고통스러운 작업이라는 걸 그 때 처음 알았다. 한 문장 쓰기가 어려워 수도 없이 썼다 지우기를 반복하며 달팽이 걸음으로 써낸 소설은 예상보다 길어져서 A4 100장 분량이 되었고, 더 이상은 내가 못 버티겠다 싶어 마무리를 지을 수밖에 없었다. 그러나 언제든 이어나갈 수 있게 열린 결말로 끝맺었다. 정확하게 말하면 아직도 이야기는 완성되지 않은 것인데, 리체의 꿈에 담아내고 싶은 게 너무 많았기 때문이기도 하다. 실제로 처음에 생각했던 결말은 리체의 희망이 박살나고 비참한 죽음을 맞이함으로써 현실의 냉혹함과 꿈의 허망함을 보여주는 것에 초점이 맞춰져 있었다. 하지만 그 새 리체와 정이 들어선지 나는 나의 사랑스러운 고양이를 죽일 수 없었고 결말을 수정할 수밖에 없었다.

아무튼 이 작은, 터키쉬앙고라 리체 덕분에 나는 대상을 수상했을 뿐만 아니라 '문학도'라는 꿈을 확고하게 세우게 되었다.

★ '그들의 얼굴'

오늘도 학교 계단은 한 뼘쯤 높아져 있었다. 이 기세라면 이 달 말이면 매일 아침 암벽 등반을 해야 하지 않을까. 차오르는 숨을 헉헉거리는 나와 달리 다른 아이들은 무심한 표정으로 나를 스쳐갔다(후략).

이 소설은 리체와는 다른 의미에서 나에게는 고맙고 잊을 수 없는 작품이다.

중간고사를 치고 난 뒤 나는 상상도 못할 정도의 슬럼프에 빠져버렸다. 거기다 영재 수업에서 장장 3시간 동안 심한 비평을 받은 탓에 내가 글을 쓸 자격이나 있을까 하는 자괴감에 사로잡혀 있었다.

백일장을 나가기 전 영재반 선생님께서 강의하신 내용은 전혀 귀에 들어오지 않았다. 그걸 바탕으로 글을 써야겠다는 생각이 들지 않았기 때문이다. 수업을 하며 계속 열등감을 느끼던 나는 언제부턴가 나의 색깔을 잃고 있단 걸 느꼈다. 그러면서도 선생님의 마음에 들기 위해 애쓰고 있는 스스로가 한심했다.

이렇게 된 거 잘 쓰려고 발버둥치지 말고 나를 솔직하게 보여주자. 어차피 이번에도 떨어질 텐데……. 그런 마음가짐으로 백일장을 임한 뒤에도, 여전히 우울한 나날을 보내고 있던 어느 날, 한준희 선생님께 뜻밖의 소식을 전해 듣게 되었다. "장원이란다. 만장일치로. 경쟁상대가 없었다는데." 멍— 갑자기 바다 속에 빠진 것 같이 코가 먹먹하고 눈이 뜨거워졌다. "다른 애들이랑 비교도 안 되게 월등히 잘 썼다고 칭찬 많이 하시더라. 어떻게 이런 인재를 키웠냐고." 말이 끝나기 무섭게 나는 무너지고 말았다. 고개를 숙이자 눈물이 줄줄 흘러내렸다. 기쁨보다는 슬픔에 가까운 눈물이 그간의 감정들과 뒤섞여 한참 동안 쏟아졌다.

고등학생이 된 이후로 번번이 마셨던 대회 탈락의 쓴잔, 비평은 듣기 일쑤였던 영재반 수업에서 얻은 열등감, 글이 마음대로 되지 않아서 생기는 속상함, 교내 백일장에서의 형편없는 성적 등 나를 짓누르고 있던 그 모든 것들이 한 발짝 멀어지면서 그제 서야 겨우 숨을 쉴 수 있었다. 거칠게 희망을 들이마시는 나의 귓가에 '아직 주저앉기에는 이르다. 너의 길은 틀리지 않았다.' 라는 목소리가 들렸다.

이 소설에 대한 평가의 대부분은 "우울하다, 무섭다."였고, 심지어는 "난해하다"도 있었다. "분열된 자아와 외로운 삶"을 주제로 설정하고 첫 구상을 했을 때는 더욱 어지럽고 비정상적인 묘사로 가득했었다. 평소엔 꿈도 못 꿀 표현들이었지만, 당시의 혼란스러운 심리상태를 담아내고 싶은 욕구가 컸기 때문에 쓸 수 있었던 것 같다. 그런데 막상 글의 흐름과 어긋나는 글제를 받음으로써 글이 훨씬 평범해질 수밖에 없었다. 그래서 그런 반응이 몹시 당황스러웠다.

또한 실제 내 얘기가 아니냐는 오해를 받았고, 윤정이를 그대로 담아놓은 것 같다는 소리도 들었다. 그러나 주인공과 나는 출석번호를 제외하면 그다지 닮은 구석이 없다. 소설이라는 것이 나의 내면을 기반으로 만들어지는 것이긴 하지만 결국은 허구라는 것을 이해시키는 것은 어려운 일인 것 같다. 그래서 나는 남자나 동물을 주인공으로 설정하길 좋아하지만, 그로 인해 사실성이 떨어지는 단점이 있어 애를 먹는다.

그 모든 것을 훌륭하게 극복할 수 있도록 오늘도 치열하게 고민하고 부단하게 노력하고 있다.

★ 줄을 넘으며…

며칠 전부터 줄넘기를 시작했다.

학교에서 돌아와 편한 옷으로 갈아입은 나는, 부지런한 엄마가 벌써부터 잠가 놓은 현관문을 연다. 문이 열리는 소리에 마당 구석에서 어둠을 마시고 있던 막내 고양이가 달려온다. 제딴에는 반가운 마음에 뒤룩뒤룩 살이 찐 몸을 굴리며 애교를 부리지만, 나는 녀석을 밟을까봐 잔뜩 신경을 곤두세우며 도리어 야단을 쳤다. 그러나 막내는 굴하지 않고 이번에는 반대로 뒹굴대며 나직이 울었다. 나는 그런 막내를 귀찮아하며 신발장 위에 올려둔 줄넘기를 집어들고 급히 달려가 버렸다.

대문 앞은 주홍 가로등 불빛이 홀로 지키고 있었다. 전부터 나는, 가로등 불빛은 어째서 저런 색인 걸까, 내가 좋아하는 푸른 색일 순 없나 하고 생각해왔다. 엄마는 그랬다간 딱 공포영화 속 길거리가 될 거라며 손사래를 쳤었다. 그러고 보니 함께 줄넘기를 시작했던 엄마는 오늘도 허리가 아프다며 나오지 않았다. 대신 아직 포기하지 않았는지, 막내 녀석이 대문 너머 어둠 속에서 나를 보고 있었다. 각도에 따라 번들거리는 눈이 점점 거리를 좁혀오는 걸 알아차린 나는, 더 이상 오면 줄에 맞을 거라는 경고를 하며 줄넘기를 시작했다. 시멘트 바닥을 와이어 줄이 규칙적으로 두드리자 그 소리에 놀랐는지 막내는 멈췄다. 그리고 배를 깔고 앉아 눈앞에 펄떡이는 괴물체를 노려보았다.

한편, 나는 시작하자마자 당장 그만 두고 싶다는 생각에 열렬히 사로잡히고 있었다. 어제 괜히 무리해 이단뛰기에 열을 올린 탓에 종일 허리가 아팠다. 그런데 그 통증이 가라앉기도 전에 또 줄을 넘기 시작했으니 고통은 몇 배가 되어 허리를 찔렀다. 꼬리뼈쪽에 꽂힌 아픔은 순식간에 척추를 타고 올라가 온몸에 찌릿찌릿 퍼졌다. 그러나 이를 악 물고 계속 줄을 넘는다. 그러면서 생각을 다른 곳으로 돌리려고 적당한 소재를 뒤적여보았다.

뒤죽박죽 섞여버린 단상들 중에서 얄궂은 얼굴을 들이민 기억은 오늘 들은 '어떤 말' 이었다. 그것은 누군가의 입에서 굉장히 힘겹게 꺼내졌는데, 분명한 의미를 전달하기까지의 그 어쩔 줄 모르는 침묵과 머뭇거림이 싫었다. 최대한 나를 상처주지 않으려고 빙빙 돌려서 말하려 했지만, 오히려 그 배려 때문에 나는 더욱 비참해졌다. 그 굴욕적인 기분을 떠올리자 기억은 자연스럽게 다시는 생각하고 싶지 않은 상황을 불필요하리만큼 생생하게 펼쳐놓는다. 네 글은 학생답지가 않아. 얼핏 들으면 그 정도로 훌륭하고 세련됐다고 해석할 수 있겠지만 애석하게도 오히려 그 반대였다. 주제넘고 겉멋만 들었다. 그 말에 수긍하는 듯 나는 그에게 고개를 끄덕였다. 그리고 죄인처럼 고개를 푹 숙인 채로 돌아서서 걷기 시작했다. 꾹 참고 있었던 울음이 말릴 새도 없이 터져나왔고, 나는 입술을 꽉 깨문 채 서럽게 흐느꼈다. 눈이 붓는다는 걸 알면서도 눈물을 남에게 보일까 부끄러워 다급하게 눈을 비볐다. 걷잡을 수 없는 열등감에 추락하는 내 등 뒤로는 다른 이를 위한 칭찬과 웃음이 울려 퍼지고 있었다.

탁—. 발 끝에 와이어가 걸리며 팔을 아프게 때렸다. 회상에 잠겨있던 나는 악 소리도 못 내고 제자리에서 펄쩍펄쩍 뛰었다. 소매를 걷어 올리고 있었던 터라 팔에는 붉은 선이 생겼다. 하지만 눈을 감고 줄을 넘으며 내 가슴에 그어진 상처로 눈을 되돌렸다. 그저 울기만 했던 자신이 한심했다. 나마저도 나의 글을 부정해버리면 어떡해. 당당하게 행동할 수는 없었던 거야? 학생다운 글이 뭔지나 속 시원하게 물어보지 그랬어? 생각이 거기까지 가자 당연히 반발심도 솟아올랐다. 몇몇 성장소설에서 어린 주인공은 나이에 맞지 않게 조숙한 사고를 하고, 심지어는 인생을 초탈한 태도로 주위 사람들을 관찰한다. 그리고 우리는 그런 주인공의 냉소와 풍자에 찬사를 보냈다. 그런데 어째서 그 아이보다 10여 년은 더 산, 이제 주민등록증까지 나온 나는, 내 스스로가 어리고 순수하지 못하다 자책해야 하는 걸까?

이해하기 힘든 아이러니를 곱씹던 나는 또 줄넘기 줄에 걸리고 만다. 이번에는 그대로 그 자리에 주저 앉아버린다. 헉헉 뜨거운 숨을 토해내며 앞머리를 쓸자, 땀이 손톱 사이로 스며들며 기분 나쁘게 끈적인다. 자꾸만 흘러내려 코끝에 걸린 안경을 바짝 끌어올리며 대문쪽을 쳐다본다. 막내는 어느 샌가 사라지고 없다. 멀리서 들려오는 암컷 고양이의 교태 섞인 소리를 들으며, 봄이 되면 또 다시 새끼 고양이들로 가득 찰 마당을 상상해본다. 봄바람을 가득 머금은 파란 눈동자들을 생각하며, 나는 몸을 일으켜 줄을 바로 잡는다. 초점을 잃은 눈 앞이 어지럽게 흔들린다. 그러나 눈을 질끈 감았다 뜨며 줄을 돌리기 시작한다.

줄넘기 소리만이 호젓한 어둠을 울린다.

CHAPTER 3

가(家)

— 꿈의 연결고리

★ 내 삶의 이유, 사랑하는 부모님

내 꿈을 전폭적으로 지지해주는 최고의 지원자, 특히 엄마는 나의 제1의 애독자를 자처하시며 내가 쓴 글을 가장 먼저 읽고 평가를 해주신다.

두 분이 모든 것을 이해해주시고 믿어주셨기에 마음껏 날아오를 수 있었다. 그 동안 흘리신 땀방울에 값하는, 아니 그보다 훨씬 더 큰 기쁨으로 보답하기 위해 부단히 노력하고 있다.

★ 또 다른 부모님, 선생님들

글 쓰는 즐거움을 알게 해주시고 내 꿈을 계속 이어나가게 도와주신 많은 선생님들이 있었기에 지금의 내가 존재할 수 있었다. 글을 쓰기 힘들어 눈물을 흘릴 때면 나의 등을 말없이 두드려주시기도 하고 자만에 빠져 으스댈 때는 따끔하게 혼을 내주시기도 하신 선생님들.

늘 뒤에서 날 지켜봐 주시는 그 분들이 있기에 오늘도 앞으로 나아갈 용기가 생긴다.

★ 민족의 혼을 지킨 지사(志士), 이육사

가슴을 저릿저릿하게 하는 시들로 감동을 주기 때문에 가장 좋아하는 시인이다. 강인한 정신을 느낄 수 있는 작품들 중에서도 「청포도」를 가장 좋아하는데, '아이야—' 하는 마지막 대목을 읽을 때마다 전율을 느낀다. 난세 속에서의 작가와 지식인으로서의 자세가 어떠해야 하는가를 보여주신 훌륭한 분이라고 생각한다. 뿐만 아니라, 김수영, 윤흥길 등 셀 수 없이 많은 분들의 문학작품을 통해서 꿈꾸는 법을 배우고 있다.

★ 포기를 모르는 음유시인, 이선웅

고등학생 때 폐간된 교내 문학잡지를 되살려 편집장으로 활동, 스탠포드대학에 진학해 창작문예/영문학과 학/석사 과정을 3년 반 만에 4.0점 만점으로 최우수 졸업했다. 2001년에는 문예창작 대상을 수상했다. 최근 발표한 소설집은 8000부의 예약주문을 받았고, 1주일만에 5만부가 판매되면서 베스트셀러 1위에 등극하는 기염을 토했다.

현재 나의 역할 모델. 꿈을 향해 달리는 모습이 멋지다. 직접 쓴 글이나 인터뷰를 통해 그의 생각을 들을 때면 가슴이 설렌다. 끝을 알 수 없는 그를 보며 오늘도 상당한 희망과 위안을 얻는다.

★ 유년의 꿈을 실현한 오다 에이치로

4살 무렵 만화가라는 직업을 알게 되어 만화가의 꿈을 품는다. 1997년부터 주간소년『점프』에 연재를 시작,『점프』를 대표하는 인기 만화가가 되었고, 2007년 연재 10주년을 맞이하였다.「원피스」한 작품만으로 세계적인 명성과 부를 얻게 된 이례적인 작가.

치밀한 복선과 기상천외한 발상으로 재미는 물론 감동까지 주는 작가이다. 사소한 것에도 작가의 사상을 담기 때문에 책을 읽을 때마다 그런 것들을 발견하는 즐거움을 준다. 비록 만화 작가이긴 하나「원피스」를 지금의 세계적인 위치에 올린 것은 그의 뛰어난 스토리를 전개 능력 때문이라고 생각한다. 잠시도 눈을 뗄 수 없는 박진감 넘치는 이야기 구성과 다음 주 연재분을 기다리게 만드는 위대한 능력을 본받고 싶다.

책의 마지막장에서 넘기자마자
눈에서는 눈물이 흘렀습니다.
혼자 세상의 근심을
다 짊어진 사람처럼 굴며
꿈을 **포기**하려고 했던 제 자신이
한없이 **부끄러웠습니다.**

서윤정/어느 몽상가

"다행이다……. 정말 다행이야!"

지금 절망하기에는
제 안의 무한한 가능성이 아깝다는 걸 느꼈습니다.
오늘의 실패를 딛고 일어서서 꿈을 이뤄내겠습니다.

그러니까 제가 당신에게
향기로운 문학을 전할 날을 조금만 **기다려주세요**.

〔OUTRO〕

★ 꿈을 엮어내다

한준희 선생님께서 책쓰기 수업을 소개하시면서 하신 말씀이 아직도 귓가에 맴돈다.

"내 이름으로 된 책을 한 권 갖는 것이 이 수업의 목표다."

언젠가는 직접 쓴 소설을 엮어내는 것을 소망해온 나에게 그 말은 단번에 관심을 끌었다. 그래서 한 순간의 망설임도 없이 프로젝트에 발을 들여놓게 되었다.

그러나 스스로에게 만족스러운 책이 아닌 **독자가 끝까지 재밌게 읽을 수 있는 책**을 쓰는 것은 어려운 일이었다. 시선을 끌 수 있는 책이란 무엇일까? 친구들이 주제 선정으로 고민하는 동안 나는 플롯을 정하느라 골머리를 썩었다. 독자에게 부담을 주지 않으면서도 나의 이야기를 흥미롭게 풀어가기 위해서는 활자의 비중을 줄이는 게 좋았다. 그렇다면 비워진 부분에는 무엇을 채워야 할까? 곰곰이 생각한 끝에 결정한 대안은 **'짧은 동화'**였다. 내 경험을 동화로 구성해 참신하면서도 가볍게 전할 수 있을 거라고 확신하면서 나는 **'동화-몽상가-동화'**라는 액자식 구성을 구상했다. 외부 이야기인 동화는 주인공이 또래인 내가 쓴 몽상가라는 책을 통해 작은 희망을 얻게 된다는 내용(앞으로 내 책을 읽게 될 사람들도 그랬으면 좋겠다.)을, 내부 이야기인 몽상가에는 각 글자의 의미와 관련지어 세 부분으로 나뉘어 꿈의 이야기를 담기로 했다.

그리고 동화를 효과적으로 구현하기 위해서 친구 소연이에게 삽화를 부탁했다. 먼저 구상한 내용들을 설명하며 콘티와 인물 설정을 짜주었고, 그것을 소연이가 그림으로 표현한 뒤 수정 작업을 거쳤다. 동화 속 '선생님'의 말은 실제로 내가 들었던 말이었기 때문에 그 컷을 작업하면서 그때가 떠올라 마음이 아팠다. 또 얄미운 '장원을 받은 아이'도 경험을 바탕으로 만들었는데, 대사 작업을 하면서 울컥울컥해서 몇 번이고 "너 같은 건 죽어라!"라는 말을 쳤다가 지웠다. 주인공의 성격상 모든 것을 자기 탓으로 돌리는 한심한 대사밖에 칠 수

▲ 수업발표의 프리젠테이션의 일부

없어서 답답했다(그게 바로 내 모습이지만…).

순탄하게 진행되는 그림 작업에 비해 전체적인 작업은 아주 힘겨웠다. 분량을 줄이는 것이 가장 큰 고역이었다. 정신없이 작업하다보니 혼자서 책을 내도 될 만큼의 방대한 초안이 완성돼버려서 수십 번을 잘라내고 지운 뒤에야 겨우 이 정도로 압축할 수 있었다. 담을 수 없었던 내용들에 아쉬움과 미련이 남는다. 동화의 비중 역시 분량 제한의 문제로 대폭 줄면서 빠진 컷이 많아서 안타

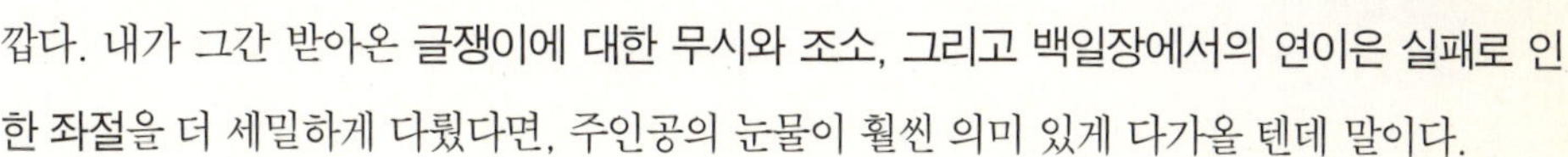

깝다. 내가 그간 받아온 글쟁이에 대한 무시와 조소, 그리고 백일장에서의 연이은 실패로 인한 좌절을 더 세밀하게 다뤘다면, 주인공의 눈물이 훨씬 의미 있게 다가올 텐데 말이다.

작업이 계속될수록 점점 '우리의 책 출판'을 쉽게 봤던 내가 부끄러웠다. 마감에 쫓기면서 새벽 4시까지 작업을 했는데도 결과가 만족스럽지 못해서 절망했다. 친구들의 결과물은 멋지고 감동적인데 반해 내 것은 형편없어서 울기도 했다. 열심히 만든 것을 엎고 새로 작업을 하게 되었을 때는 너무 속이 상해서 그만두고 싶기도 했다. 끝이 안 보이는 수정을 반복하며 과연 책이 나올 수는 있는 걸까 하는 회의가 들기도 했다(그러한 마음들은 Chapter 2에 수록된 '줄을 넘으며…'에 뒤죽박죽으로 표출되어 있다.).

하지만 그럴 때마다 나를 다독여준 선생님과 친구들이 있었기에 이렇게 끝을 맺을 수 있었다. 부족한 나에게 칭찬을 아끼지 않고, 내가 울면 곁에서 가만히 손을 잡아줘서 고맙다. 꿈반이라는 이름 아래에서 함께 할 수 있어서 매 순간이 무척 행복했다.

꿈반의 조그마한 도전이 세상에 나가면 어떤 평가를 받을까… 솔직히 무척 두렵다. 우리의 1년간의 노력을 담아내기에는 사실 이 책 한 권으로는 턱없이 부족하기만 했다. 그리고 새로운 시도를 하기에는 우리 자신들의 역량이 모자라기도 했다. 하지만 우리가 꿈꿔온 시간이 결코 헛된 것이 아니라는 걸 이미 알고 있기에 후회는 없다. 우리의 미약한 날갯짓을 보며 웃어주신 분들에게 감사의 인사를 전한다.

언젠가는 "**서윤정**"이란 이름을 내건 책이 정식으로 나오기를 꿈꾸며,
나는 여기서 내 인생 첫 번째 책의 마침표를 찍는다.

2 장보영 | 천재 귀염둥이의 세계

DREAM

나의 꿈은 무엇일까?
나는 어떤 사람이 되고 싶은 걸까?
어떤 인생을 살고 싶은 걸까?
어떤 직업을 가지는 게 좋을까?
내가 진짜 원하는 게 뭐지?
...

I devote my letters to person who think about thiers future, dream and theirself.
저는 이런 고민들을 했었고, 지금도 하고 있어요. 그리고 저의 짧은 글은 지금 이와 같은 고민을 하고 있는 사람들에게 들려주고 싶어요

Let me introduce myself – 나의 소개

안녕! 난 천재 귀염둥이야. 4월 21일이 무슨 날인지 아니? 그래, 과학의 날이야. 그리고 내가 태어난 날이기도 해. 내가 태어났을 때 모두들 처음에 大실망을 했었대. 엄마 뱃속에서 발을 차고 움직이는 힘이 강해서 '아들' 이라고 해서였대. 게다가 '못났다', '부모님을 안 닮았네' 이런 반응들이 대부분이었대. 그러나 곧, 나는 13명의 대가족 사이에서 태어난 첫 아이로서 사랑을 독차지해 버릴 수 있었어.

난 지금 봐도 내 어린 시절이 귀엽기만 한데, 왜 다들 '어릴 땐 정말 견적 안 나왔다', '많이 예뻐졌네' 라고 하시는지 이해할 수가 없어. 그지?

난 자라면서 이것저것, 여러 가지를 배웠어. 초등학교 때 십자수, 뜨개질, 스킬자수를 열심히 했었고, 의상 디자인을 전공하셨던 어머니와 함께 간단한 원피스, 손가방을 만들기도 했어. 역시 최고봉은 '공기놀이' 였지. 난 사촌언니들에게 지는 게 싫어서 말 그대로 '밥 먹고 자는 것' 외에는 공기 연습을 했어. 한 번도 안 죽고 100점 넘게 내고, 실수를 하면 4~50점을 내고 죽으니 아이들은 나와 같은 편이 되지 않으면 잘 안 하려고 했어. 그리고 나를 공기의 신, '공신' 이라고 불렀어. 나는 부모님께 물었어. 왜 공기는 올림픽이 없냐고. 공기는 올림픽이 없었어. 그리고 중학생이 되면서 학교에서 금지를 시켜 점점 내 손에서 멀어져 갔어.

난 5살 때부터 피아노를 배웠어. 어느덧 대회곡을 준비하는 수준이 되었지. 그렇게 대회를 준비하던 어느날, 아버지께서 "수영을 배워보지 않을래?" 라고 하시길래 난 냉큼 피아노를 그

▲ 집 근처 경북대학교의 눈 쌓인 운동장에서 대야타기

외갓집 앞 옛날 버스 정류장에서 외사촌 언니, 나, 외사촌 오빠 ▲

만 두고 수영을 배웠어. 수영을 배운지 한 달이 되기 바로 전날 어머니께 내가 울면서 찾아갔대. "다른 애들은 이제 부목 없이도 물에 뜨는데 나만 안 떠요. ㅜㅜ" 하면서. 어머니는 하루만 더 가보고 안 뜨면 그때 그만 두자고, 하루 남았으니 가서 한 번 더 해보라고 용기를 주셨어. 한 달 째의 마지막 날에 울면서 간 수영장의 어린이풀에서 나는 마침내 물에 떴고 열심히 수영을 배웠어. 아이들끼리 경주하면 항상 1위를 하기에 이르렀지. 그러다 수영의 마지막 단계인 접영에 도달했어. 웨이브진 접영의 발차기를 배울 때였어.

또 한 번 아버지의 제의가 있었어. "컴퓨터를 배워보지 않을래?" 들뜬 나는 가벼운 마음으로 수영을 접고 컴퓨터학원에 다니기 시작했어. 컴퓨터, 만만치 않더라. 가면 바로 홈페이지 만들기, 인터넷 사용법 등을 배우는 줄 알았던 나에게 컴퓨터 선생님은 자판 연습 두 달을 먼저 해야 한다고 하셨어. 내가 어떻게 자판 연습만 두 달하고 앉아 있을 수 있겠니? 난 미친듯이 자판 연습을 했어. 심지어 다른 사람에게 말할 때나 혼자 무언가를 생각할 때 손으로는 무릎에 타자를 쳤다니까. ㅎㅎ 그러기를 한 달, 드디어 선생님은 속도가 빠르다며 "훈글을 가르쳐 주셨지. 그렇게" 훈글, 엑셀, 홈페이지 만들기 등을 익히고 워드 자격증까지 취득하게 되었어.

중학생이 되어선 과학자가 되어 우리나라를 위해 기술 개발을 하겠다며 과학반에 들어가서 엑스코에서 했던 '과학 싹 잔치' 라는 행사에서 간단한 실험을 진행하기도 했었어. 내 친구 중에 예고 입시를 준비하던 친구가 있었어. 나는 단순히 그 친구와 같이 그림을 그리고 싶다는 마음에 함께 미술대회에 여러 번 참여하기도 했었어.

그런데 조금 크고 나서는 이런 생각이 들더라.

'어릴 때 배우던 걸 끝까지 하나만 했어도 지금은 정말 잘할텐데….

나는 왜 이렇게 하나를 파지 못하고 이것저것 뒤적일까?

왜 항상 일을 여러 개를 벌려서 힘들게 살지?

다른 애들은 하고 싶은 하나만 잘 하던데, 왜 난 하고 싶은게 이렇게 많은 거지?

이런 나를 바꾸고 싶어.' 나에 대한 나의 생각은 이랬어.

그런데, 나는 내가 그렇게 고치고 싶어하던 모습이 있는 그대로의, 본래의 나라는 걸 깨달았어. 이것저것, 많은 것에 관심이 많은 것도 나고, 여러 가지 일을 한꺼번에 도전해서 뒤처리에 힘겨워하면서도 다음에 또 그러는 것도 나고, 새로운 것에 한 번 몰두하면 정신을 못차리는 것도 나란걸 말이야. 남과 다른 내 자신 말이야. 그 후론, '있는 그대로의 나' 로서 어떻게 살면 좋을지를 생각하게 되었어.

난 노력하는 사람이 좋아

난 노력하는 사람이 좋아.

자신의 꿈을 향해서 노력하고, 하나씩 하나씩 이루어내면서 전진하는 사람을 보면 '정말 멋지다' 란 생각을 해. 사람들이 벤치마킹하고 멘토로 삼는 사람들도 많지만, 그 중에서도, 난 '김갑수' 라는 배우를 좋아해. 젊고 잘생긴 연예인들이 많은데, 왜 하필 김갑수씨냐고?

드라마를 많이 보다보면, 대충 스토리도 어떻게 전개될지 다 예측할 수 있고, 연기자들의 연기도 비평하기도 하잖아? 요즘 드라마들에는 잘 생기고 예뻐서 눈이 즐거운 배우는 많이 나와. 그런데, 정말 드라마라는 극에 몰입해서 시청할 수 있게 만드는 **진짜 배우**는 잘 없더라구. 역할에 대한 완전한 이해를 바탕으로 한 연기를 하는 그런 배우 말이야.

혹시 그런 거 아니? 사람을 딱 처음 보자마자 '저 사람 정말 무섭게 생겼다' 라거나, '이 사람은 얼굴부터 착하고 부드럽네' 란 느낌이 드는 거. 여자는 중년이 되면 얼굴에 삶이 녹아있다고 하잖아. 그 사람의 평소 마음가짐, 표정이 몇 십년에 걸쳐 누적이 되서 얼굴의 표정이 되기 때문이라고 하더라. 그 때는 젊었을 때 단순히 외모가 예뻤었던 사람보다는, '인상 좋은' 사람이 정말 고와 보이잖아. 이렇게 사람이 풍기는 분위기나 이미지는, 인생이 녹아있다고 말할 만큼 바꾸기가 정말 힘들어. 그런데 이 배우는 아니더라!

드라마 토지에서 이 배우가 정말 밉게 나왔어. 얼굴 표정부터 풍기는 분위기까지 정말 나쁜 사람이었거든. 제대로 된 악역이었어. 캐릭터를 넘어서 연기한 배우마저 싫어질 정도였거든! 저런 얼굴과 표정으로 살면 너무 힘들 것 같단 생각이 들 정도였어. 그런데 말야, 드라마

대왕세종에선 황희역을 했는데, 착하고 지적이면서 인격을 겸비한 사람으로 나오는 거야. 그 인자한 미소가 일품이었지!

맡은 역할에 따라 얼굴 자체에 녹아있는 표정과 분위기마저 바꿔버리는 이 진짜 배우의 연기를 난 정말 좋아해!

가수 중에는 보아를 좋아해. 난 '예쁘다', '노래 괜찮다' 정도로 가수를 좋아하지 않는데, 보아는 정말 멋있어! 보아는 국내뿐 아니라 일본, 그리고 미국에까지 진출해서 활약을 하고 있어. 사람들은 '보아가 그냥 외국에 진출했구나' 라고만 하는데, 어려서부터 이 가수를 좋아했던 나는 보아를 정말 대단한 사람이라고 말해.

어려서는 그냥 보아의 노래와 춤이 좋았어. 그래서 춤을 따라 췄었어. 근데, 댄스 카페 동영상에 나오는 춤 선생님이라 하더라도, 보아의 표정과, 그 몸짓들을 표현하지 못하는 거야. 그래서 보아를 보고 '정말 춤을 잘 추는구나' 하고 생각하게 되었지. 그러다가 듣게 된 이야기가 있어. 보아는 하루에 10시간씩 춤을 춰서 체지방이 거의 없다는 거야. 게다가 보아는 20살 콘서트 때 처음으로 공연 중에 운동화를 신어봤대. 평발인데도 항상 높은 구두를 신고 공연을 했기 때문에 발이 부어서 구두에 발이 들어가지가 않아서가 이유였어. 대단하단 말밖에는 할 말이 없어. 지금도 미국에 진출하여 자신의 영역을 넓혀가고 있어. 최고의 자리에 올라가 보았다고 해서 안주하는 것이 아니라, 끊임없이 새로운 것에 도전하고 또 성공해내고 있어. 큰 꿈을 가지고, 자신의 꿈에 걸맞는 노력을 하며 살아가는 보아야말로 정말 예쁜 사람이라고 생각해.

해적왕 루피는 내가 가장 좋아하는 캐릭터야. 다른 아이들은 원피스란 만화를 재미있어서 보더라. 그런데, 나는 재미로만 보지 않았어.

힘없고 나약한 꼬맹이가 자기 목숨을 구해주느라 팔 하나를 잃게 되었지만 정말 멋진 해적 샹크스에게서 밀짚모자를 선물받게 돼. 그리고 그 꼬맹이는 자기도 그런 멋진 사람이 되고 싶다고 생각하게 되고, "난 위대한 해적왕이 될꺼다!"라고 외쳐. 하지만 모두가 비웃지. 그래도 루피는 포기하지 않아. 모험을 하면서 자기보다 강한 상대를 만나거나 위험에 빠지게 돼.

정말 절망적인 순간들이지만 루피는 긍정적인 생각을 하고, 자신을 믿으면서 그 어려움들 속에서 성장해. 그러면서 자신의 꿈을 향해 조금씩 다가가. 정말 멋있지 않니? 난 루피를 보고 많은 것을 배웠고, 그 배운 것을 실천했어. 그중에서도 난 루피를 보면서 나도 나의 꿈에 대해 당당히 말하게 되었어. 지금의 난 나의 꿈과 대학을 당당하게 말해. 물론 사람들은 "어려울거다. 현실을 인식하고 목표를 낮추어라."라고 말해. 하지만, 그 사람들은 나의 현재 수준과 성적만으로 나를 판단한 거야. 나는 내가 해낼 수 있단 걸 알아, 루피처럼. 물론, 그에 따른 노력도 해야한다는 것도.

이 세 사람들의 공통점은 자신의 분야에서 최고이거나, 최고가 되기 위해 끊임없이 노력하는 사람들이야. 이들을 보면서 나도 내 꿈을 위해 노력하는 멋진 사람이 되어야겠다는 생각을 하게 되었어.

세계의 대인재로

이번에는 나의 세계관을 형성하는 데 지대한 영향을 끼친 분을 소개할 게.

성함은 이케다 다이사쿠(池田大作).

이케다씨는 국적 기입란에 '세계'라고 적는 세계시민이고, 철학자이셔. 이케다씨는 일본인이면서도, "중국과 한국은 '문화 대은인의 나라'인데 일본은 은혜를 원수로 갚았다"라고 진실을 올바르게 알고 말씀하시는 분이야. 그리고 '불행했던 만큼 더 행복해져야 합니다'라고 하시며, 세계평화, 그리고 민중들의 행복을 위해서 활약하고 계셔.

또, 아놀드 토인비 박사, 고르바쵸프 전 러시아 대통령, 만델라 전 남아공 대통령 등등 세계의 식자들과 평화등의 주제로 대화를 하시고 대담집을 내셨어. 모스크바 대학 등 세계 여러 대학에서 교수 · 명예박사 학위를 받으신 게 250여 개에다 명예 시 · 도민증도 580여 개에 이르신다고 해. 대단하시지? 여러 나라를 오가는 틈틈이 찍은 사진들로 '자연과의 대화'라는 사진전도 개최하시거든. 또 계관시인, 세계계관시인, 세계민중시인

칭호를 받으신 시인이기도 하셔.

'세계를 무대로 활약하는 대인재로 성장해 주세요.'
여러분의 무대는 세계입니다. 세계가 여러분을 기다리고 있습니다.
세계 평화는 여러분이 구축하는 수 밖에 없습니다.
지금은 배우고 또 배워 세계에서 활약할 수 있는 힘을 길러주세요.

평화란 '전쟁을 하지 않는다' 는 것이 아닙니다.
평화란 인간이 빛나는 사회입니다.

이 세상 사람들 모두가 "나는 행복하다."
"살아있는 것이 즐겁다" 고 할 수 있는 사회를 만드는 것이 나의 꿈입니다.

이케다씨가 우리 학생들에게 해 주신 말씀이야. 난 이케다씨의 책을 읽으며 어렴풋이 '나도 세계를 무대로 활약하는 사람이 되고 싶다.', '나도 세계평화에 기여할 수 있는 삶을 살고 싶다' 란 생각들을 하게 되었지. 그러다 나는 나도 세계평화를 위해 무언가를 하는 사람이 되고 싶다는 생각을 정립하게 되었어.

나는 신문 · 뉴스 보는 걸 좋아해. 시사에 대해 여러 의견을 듣고 주고 받는 것도. 여러 언어를 배우고 다양한 외국의 문화를 접하는 것도. 또 좋은 사람들을 많이 만나는 것도.

나는 반복적인 일을 좋아하지 않아. 나는 항상 새로운 걸 추구하는, 변화하는 일을 하고 싶어. 또 세계를 누빌 수 있는 일을 했으면 좋겠어.

나는, 내가 했던 다양한 경험들을 살릴 수 있고, 항상 새로운 것에 호기심을 가지고 도전하는 내가 좋아할 수 있고, 세계의 대인재로서 전 세계를 누빌 수 있는 일을 할 수 있는 직업을 찾아 보았어.

This is 한비야!!

이케다씨가 내가 어떤 인생을 살고 싶은가를 생각하게 해 준 사람이라면, 한비야씨는 내가 어떤 일을 하면서 살고 싶은가를 생각하게 해준 사람이야.

나는 한비야씨의 책을 읽게 되었어. 한비야씨는 가정 형편상 대학을 갈 수가 없었대. 영어를 좋아했던 그녀는 음악카페 DJ로 일하면서 공부를 했다고 해. 그러던 어느날, 가끔 통역을 해주었던 친절한 미국인 부부의 도움으로 대학을 나올 수 있었다고 해. 경제적 이유로 한 차례 꿈이 좌절되었음에도 그녀가 아르바이트를 하면서도 공부의 끈을 놓치 않았기 때문에 그런 기회도 주어진 거 같아. 이럴 때가 '하늘이 스스로 돕는 자를 도운 게 아닐까?

한비야씨는 행동하는 사람이야

얼마 전 한비야씨는 닮고 싶은 여성상 1위에 선정되었었대. 난 그녀를 진정한 행동가라고 생각해. 왜냐구?

직업을 갖고 어른으로서 산다는 삶의 안전성 때문에 꿈을 포기하고 먹고 살기에 바쁜 사람들이 많아. 그런데 한비야씨는 유명 홍보회사에서 일하다가 돈을 모은 후 직장에서 나와, 정말 자기가 하고 싶었던 세계 여행을 했어. 오지 탐험도 했구. 지금은 월드비전이란 구호단체에서 긴급구호 팀장으로 일하고 계셔.

그런데, 같은 지구에선…

난 『지도 밖으로 행군하라』라는 책을 읽고
정말 많은 것을 느꼈어.
그리고 우리들의 삶을 돌이켜 보았지.

그런데, 같은 지구인데도
우리들의 생활과는 전혀 다른 생활을 하는 사람들이 많이 있어.
만화책을 보고, 미드와 일드를 시청하며,
시험이 끝나면 친구들과 영화관에 가고,
노래방에 가서 노는 게 당연한
우리들의 생활과 정말 다른…….

이제 그런 이야기들을 할까 해.
내가 관심 있는 분야이기도하구!!

팔레스타인-이스라엘

이 사진은 분리장벽에 팔레스타인 사람들이 낙서를 해 놓은거야. 팔-이 분쟁은 많이들 들어봤고, 소식을 접할 기회가 많았을 거야. 그렇지만, 진심으로 이 사람들을 안타까워하거나, 도와주려는 사람은 그리 많지 않아. 팔레스타인 사람들은 회사, 학교, 병원에 가기위해 검문소에서 줄을 서야 된대. 그러면 이스라엘군이 검문을 하게 되는데, 어떤 때는 반나절동안 기다리게 하고는 그냥 통과시킬 때도 있고, 어떤 때는 속옷 수색까지 하는 일도 종종 일어나곤 한대. 그리고, 학교에 좀 더 빨리 가기 위해 벽 근처로 자전거를 타고 가다 이스라엘 군사의 총에 맞아 죽은 팔레스타인 아이도 있다고 하니, 팔레스타인인들이 어떤 대우를 받으며 사는지 감이 오지?

자기네 조상이 2천년 전에 살던 땅이라며 점령을 하고서는 그 2천년 전부터 시작해 오늘날까지 살고 있던 사람들을 쫓아버린다는 건 좀 아니라고 생각해. 유대인들의 힘들고 억울했던 역사를 부정하는 것은 아니지만, 자신들의 조상이 원래 살던 땅에서 살지 못하고 떠돌아 다니고, 수많은 박해를 받았었다면 말이야. 적어도 이스라엘인 만큼은, 이스라엘 때문에 인구의 절반 가량이 난민이 되어 몇 년이고 떠돌아 다니고 있는 팔레스타인 국민들을, 이스라엘이 세운 장벽과 국제법상으로도 어긋난 검문소 설치와 검문으로 시달리고 있는 팔레스타인인들의 심정을 이해해야하는 것 아닌가 하는 게 나의 생각이야. 물론 그렇지 않으니 그런 일들을 벌여 놓은 거겠지만 말이야.

▲ 넘을 수도 없는 장벽을 세워놓고, 거기에 이스라엘군에서는 'PEACE BE WITH YOU'라는 메시지를 전한다.

1, 2. 사진 출처 http://photo.naver.com/view/2006092601444991031

인도에서는 저체중으로 어린이 6천만명이 사망한다고 해. 전기도 100% 공급이 되지 않는 곳이 많아서, 병원의 의약품 보관에도 어려움을 겪는다고 하네. 영어를 자유롭게 구사할 수 있고 인건비가 싸며 유능한 인재들이 많다는, 그 떠오르는 별 인도에 이런 일들이 일어 나고 있는지, 난 상상도 못했었어.

사진 출처 http://photo.naver.com/view/2006101722580983031

아프가니스탄에서는 현재 매설된 지뢰를 제거하는데만도 1000년이 넘게 걸린다는데, 거기에다 내전으로 지뢰를 더 묻고있대. 정말 너무 안타까워….

난, '내가 살기 위해 적을 죽인다' 라고 하는 전쟁이 너무나 싫어.

그냥 이런 말은 전쟁을 미화하고 합리화하기 위한 미사여구에 지나지 않는다고 생각해.

내가 죽기 싫으면, 그만큼 그 '적' 이란 사람도 죽기 싫을 거 아냐.

그럼 서로 안 죽이면 되는 거잖아.

단순하게 생각하면 될텐데… 안 그래?

The in-country war In Rwanda

100일 동안 죽은 사람이 100만 명 이상, 하루에 1만 명이 죽어간 르완다 내전. 이 사실만으로도 우리는 이 나라에서 어떤 일이 일어났기에 이토록 많은, 무고한 목숨들이 죽어가야 했는지 알아볼 필요가 있다고 생각해. 난 중학생 때 사회 선생님께서 보여주신 「호텔 르완다」라는 영화를 보고 르완다에 대해 더 알게 되었어. 르완다는 근대에 독일과 벨기에에 식민지배를 받았어. 그 중에서도 벨기에는 종족 분리 정책을 폈어. 조금 더 희고, 예쁘게 생겼다 등을 기준으로 나누어서, 두 부족에게 차별 정책을 폈어. 그러다 독립을 하게 된 르완다에선 그 억눌렸던 세력들이 폭발하게 되어 대량학살전이 시작되었던 거지. 심지어, 1994년 4월 9~11일 사이의 3일간의 교전으로 2만명이나 살해당했다고 해.

사진 출처 http://www.finlandian.com

국민 814만명 중 150만명이 학살당했고, 250만명의 엄청난 수의 난민이 발생했지. 사람들은 전쟁이 끝나도 보복이 두려워 고국으로 돌아가지 못했다고 해. '전략적 가치' 나 '전략적 자원' 을 갖고 잊지 않아서 르완다는 다른 나라의 도움으로 예방할 수도 있었을 내전을 치러야 했다는 해석도 있어.

사람이 죽는데 나에게 이익이 되는지를 먼저 따진다는 게 말이 되는 소리라고 생각해?

내가 죽을 위기에 남의 도움으로 살 수 있다면 그 도움을 간절히 필요로 할 것이고 고마울 거 아냐. 역지사지의 정신을 발휘해 전쟁의, 죽음의 위기에 처한 그들을 구해 줄 수 있었을 텐데 말이야.

한비야씨의 책에서 " '우리' 의 범위를 조금만 넓힌다면"이란 소주제가 붙은 글은 정말 마음에 와 닿았어. 정말, '나' , '우리가족' , '우리나라' 만을 생각하는 것이 아니라, '우리지구' , '우리 중국인' , '우리 르완다인' , '우리 한국인' … '우린 지구인' 이렇게 생각한다면 세상이 더 훈훈해질 수 있을 거라고 생각해. 그렇지 않니?

그리고 이 글은 내가 몇 년 전 일기에 썼던 글을 떠올리게 했지.

나의 몇 년 전 일기

이 세상엔 선과 악이 공존해야 하나?

그렇다 해도 약자가 해를 받아야 하나?

난 밥을 먹는데 왜 굶어 죽는 사람이 있어야 하는 거지?

우리나라는 르완다, 일본은 니제르, 미국은 팔레스타인과 이라크, 영국은 인도.

이렇게 한 나라씩 맡아서 밥을 먹이면 안 될까?

자국민이 조금이라도 손해를 보면 펄쩍 뛰면서, 왜 굶어죽는 사람이 있는데 방관하는 걸까?

만약 미국이 먼저 도와준다면 다 따라서 어려운 나라를 도와줄텐데….

정말, 이 세상은 아이러니다.

커오면서 이 세상에는 착한 사람만 살지 않는다는 것과 착한 사람일지라도 매우 불행한 삶을 사는 경우가 있다는 걸 알게 되었어. 자기에게 돌아오는 것이 있어야 남도 도와주는 사람들이 너무 많아서 댓가를 바라지 않고 도와주어도 의심을 받는 사람들이 생겨나…

이것은 개인과 개인의 차원이 아니었어. 사회, 이익집단, 나아가 국가까지 이런 생각을 토대로 발언을 하고 행동을 해.

나는 '커오면서 너무나 많은 모순이 있다고 느낀, 우리가 사는 이 세계에 도움이 되는 사람이 되고 싶다' 란 생각을 하게 되었어.

한비야씨의 책에는 너무나 가슴 아픈 얘기들이 많아 눈물도 많이 흘리고, 분개할 때도 있었지만, 책을 읽고나서 난 이런 생각이 들었어.

'나도 이런 일을 하고 싶다' 고. 도움을 필요로 하는 사람들에게 실질적인 도움을 줄 수 있는 일을 하는. 처음이었지.

그 떨림이란…

"'미스코리아, 대통령, 과학자, 가수…' 가 될 거에요"하던 철 없던 어린 때의 직업, 꿈과는 전혀 다른 차원이었어.

한비야씨의 『지도 밖으로 행군하라』라는 책을 읽고 난 후 정립했던 나의 생각들이야.

한비야의 글을 보면 가슴이 뛴다. 나도 저런 일을 하고 싶은데…

그럼, 월드비전에서 일하는 건 어떨까? 한비야처럼.

그런데, 월드비전은 기독교 구호 단체이다.

기독교가 아닌 나로서는 단념할 밖에….

그래서, 그와 비슷한 일을 하는 직업을 찾다가 '외교관' 이란 직업을 발견하였다.

그런데, 외교관의 제 1원칙이란 자국의 이익보호, 자국민 보호였다.

자국의 이익만, 자국민만 보호하려는 각국의 외교관들이 모이면
진심이 담긴 대화를 할 수 있을까?
서로 손해를 보지 않으려고 머리 속에서는 불꽃이 튈테지.
강대국은 지금처럼 여전히 자국의 이익만을 위하면서,
진심으로 평화와 인권을 생각하는 일 따위는 하지 않겠지.
그럼 나라간의 부익부 빈익빈이 더욱 심해지는 건 당연한 일이겠네.
세계를 위해 일하고 싶은 나에게는 정말 별로인 직업이구나.
사색을 거듭했다.
그럼, 자국과 상대국 모두에게 도움이 되는 방향으로 지휘하는 마음이 따뜻한,
'인간', '지구'에 초점을 두는 그런 멋진 외교관이 되는 건 어떨까?
권위만 세우고 강자와만 타협하는 사람이 아니라,
정말 도움이 필요한 곳에 도움이 필요한 곳에 도와줄 수 있는 힘 있는
멋진 여성으로 내가 성장하면 되는 거잖아!
그 후로 나의 장래희망은 외교관이 되었다.

에필로그

처음에 '책쓰기' 수업을 시작했을 땐, "외교관이 될 거에요!"라고 했지만, 왜? 어째서?란 물음에는 잘 대답하지 못하는 꼬맹이였다. 나의 꿈에 대해 글을 쓰기 시작하면서, 예전에 썼던 일기나 글을 다시 읽어 보았다. 그 글들을 모아보니 그런 생각들이 진화해서 현재의 나의 세계관이 되었단 걸 실감할 수 있었다. 책을 쓰면서 내가 간간히 산발적으로 말하고 썼던 것을 모으게 되었고, 그냥 '세계의 인재가 될거에요'라고 말하는 것에 그치는 것이 아니라 내 꿈에 대해 처음으로 뚜렷하게, 인식할 수 있게 되었다. '책쓰기'는 고된 작업이긴 하지만, 고등학생이 할 수 있는 정말 가치로운 일이라고 생각한다. 자기 자신과 꿈에 대한 글이기에 매 수업이 재미있었고, 지쳐도 다시 매달릴 수 있었다.

나는 참고했던 책 중 장지글러의 『왜 세계의 절반은 굶주리는가?』를 보고 외교관만이 내가

지향하는 삶에 부합하는 직업이 아니라는 것을 알게 되었다. 외교학과를 지망하는 학생이긴 하지만, 이 글을 출판하게 된 이 시점에서, 미래의 내가 어떤 직업을 가지게 될지 솔직히 잘 모르겠다. 외교관이 아니더라도 난 내가 살고 싶은 인생을 살 수 있는 일을 하며 살 것이다.

그리고, 이 책과는 별로 관계가 없지만, 이 책을 읽게 될 아이들에게 추천해 주고 싶은 책이 있다. 마샤 그래드의 『동화 밖으로 나온 공주』이다. 나도 친구의 추천으로 보게 되었는데, 지금은 가장 좋아하는 책이 되었다.

이 책의 주인공인 공주는 자유로운 영혼을 억압당하고, 스스로도 자신을 억누르며 백마 탄 멋진 왕자님과 결혼해서 행복하게 되기만을 바라며 산다. 그런데 결혼하고 보니 낄낄 박사로 불리고 너무나 자상하던 이 남자, 이중 인격적이다! 공주는 올빼미 박사의 도움으로 자기를 찾는 여행을 떠나게 된다. 수영도 배우고, 갈림길에서 스스로 결정도 내려보고, 마법사와 함께 간 극장에서 부모님과 왕자, 그리고 자신의 삶을 보며 이해하게 된다. 그리고 마침내 깨닫게 된다. 자기 인생의 주체는 자기 자신이란 걸, 백마 탄 왕자님과 결혼해야 행복할 수 있고, 왕실 규범을 완벽히 소화해 내야만 행복한 것이 아니라, 그런 외부조건을 떠나 스스로를 사랑하면서 행복해야 한다는 걸 말이야.

자신은 행복하게 사는데, 사랑하는 사람과 행복을 나누고 싶다면 결혼하는 게 자기 삶에서 '선택' 이 되어지는 요소인 거지, 괴로운 자기 자신이기 때문에 '멋진 왕자님을 만나야만 해. 그러면 난 행복해질 수 있을 거야!' 라고 하는 건 아니란 거다.

이 글을 읽고 있는 '당신' 도 자신의 삶에서 주체로서 행복하게 살았으면 좋겠다. 외부 조건들은 말 그대로 '조건' , '선택 사항' 이다. 그 외부 조건들이 당신의 행/불행을 결정짓는 요소가 되어선 안 되는 것이다. 자신이 진정으로 하고 싶은 일이 무엇인지, 어떤 삶을 살고 싶은 건지 생각해 보고 자신의 삶을 스스로 만들어 나갔으면 한다. 그런 용기는 자신을 믿는 '마음' 에서부터 출발할 것이다.

3 권진욱

자유연상접속장치

자유연상접속장치

우리는 다르다. 하지만 우리는 다르지 않다. 제 각기의 모습으로 살아가는 우리들 중 '나'는 어떤 의미일까? 우리들의 시대의 아이들은 굳은살이 오른쪽 셋째 손가락 첫째 마디에 박혀 있고, 기계적으로 영어단어를 외운다.

나라를 위해서는 눈물 한 방울 흘리지 않는 아이들, 그럼에도 불구하고 우리나라엔 조선이라는 나라가 두 번 있었다는 사실을 모르는 아이들, 물의 분자구조를 모르는 아이들, 알파벳 개수는 알아도 한글의 자음과 모음의 갯수는 모르는 아이들이 함께 사각형의 틀 안에서 하나의 기호와 도형이 되어서 살아가고 있다.

그럼에도 불구하고 아이들은 꿈을 꾸고 노래를 부르며 구름을 안고 잠이 든다. 그런 구름 같은 꿈의 조각들에 의미를 부여하는 것은 아직 어린 우리들에게는 힘든 일일지도 모른다. 하지만 너무 소중했기 때문에, 혹은 너무 사소한 일이기 때문에 나는 이 사소한 소중함에 의미를 부여하고 싶다.

우선 접속해야 한다. 자유롭게 연상하고 접속하자. 연상이란 자극어에 대해서 자유롭게 떠오르는 생각을 나열한 것을 말한다. 연상이라는 이름을 부여하고 나름의 의미 안에서 나는 구속없이 많은 것들과 접속했다.

바라건대 이 글이 누군가에게 또 다른 하나의 접속장치가 되기를. 웃음을, 행복을, 꿈을…….

접속 1 하나의 세계를 깨고

수천 수억의 경쟁률을 뚫고 하나와 하나가 만나서 생명체를 만들어냈기 때문에 우리는 우리가 모르는 사이에 죽을 만큼 노력해서 우리 자신을 만들어낸 경험이 벌써 있다.

그리고 우리는 태어나서 또 하나의 위대한 일들을 경험한다.

우리가 살아있는 동안 평균 280,000,000번 심장 박동을 하고, 약 2,270,000 리터의 피를 퍼낸다. 자동차를 만드는 데에 13000개의 부품이, 747제트 여객기를 만드는데에 3,000,000개의 부속품이, 우주 왕복선을 만드는 데에는 5,000,000개의 부속품을 필요로 하지만 우리 몸에는 100조개의 세포 조직이 있고, 25조개의 적혈구와 250억개의 백혈구가 있다.

우리는 매일 무거운 중력을 이겨내며 이처럼 신비로운 일들을 해내며 살아간다.

우리가 살아가는 것, 우리가 태어나서 지금까지 살아온 흔적이 하나의 위대한 일이 될 수 있다.

당신이 위대한 사람이 된다면

그리고 이미 우리는 우리가 알기도 전에 그 일을 이미 해낸 적이 있다.

접속 2 패밀리가 떴다

내 최초의 기억은 가족들에 대한 단상에서부터 시작된다. 내게 있어서 영어의 From을 붙일 수 있는 대상은 바로 가족이다.

우선 우리 아빠는 대인배이시다. 나는 아빠에게 많은 것을 배웠다. 최선을 다하는 태도, 어떤 상황에서도 환경이나 다른 사람을 원망하지 않는, 더 나은 곳을 바라보는 넓은 시야, 대인배의 마음을 갖는 준비, 매일 기도하는 모습, 하루 5시간 이상 자지 않는 근면함까지(물론 마지막은 우리 가족 중에서 아빠만 해낼 수 있는 특별한 기술이다).

두 번째로 우리 엄마. 엄마는 작은 칭찬에도 크게 기뻐하는 소녀같은 감성을 지니셨다. 공부도 무척이나 열심히 하셔서 혼자 독학으로 한자 1급을 거의 다 외우신 노력파기도 하다. 하지만 엄마의 일은 머리보단 몸을 더 쓰시는 일이다. 무척이나 힘들고, 매일 우리에게 힘든 이야기를 풀어놓고는 하신다. 약한 몸이 짐이 되어 아빠 일을 돕다가 쓰러진 적도 있었다. 어렸을 적에는 그런 엄마가 쓰러지는 것에 대한 공포심이 컸다. 또 한 때는 같이 일하시던 친구분께서 엄마를 밀치셔서 일하는 중간에 왼쪽 발가락이 부러진 적도 있었다. 엄마의 발가락 모양은 돌아오지 않았고, 그런 기억들을 떠올릴 때마다 가슴이 아프다.

세 번째, 세 자매. 우리 언니는 어렸을 적 나의 아이돌이었다. 그 탓에 나는 아직도 언니가 제일 예쁜 줄 안다. 물론 사실과는 많이 다르겠지만 말이다. 우리 집안의 든든한 장녀, 매일 매일 발전해나가는 꾸준한 노력가, 내가 존경하는 우리 언니, 사랑하는 우리 언니다. 맛있는 것만 좀 더 사주면 더 좋은 언니가 될텐데.

그리고 마지막으로 우리 동생. 아기다리 고기다리던 할 말 많은 동생. 우리 동생이라고 말할 수 있기까지 많은 시간이 걸린 것 같다. 어린 시절의 기억에는 나보다 어린 동생은 항상 착하고 순진한 모습이었다. 하지만 어느 순간, 우리도 많이 어려서 주위를 둘러보지 못할 순간 내 동생은 마의 덫에 걸려들었다. 그것은 바로 허세의 구덩이었다. 이 구덩이는 몹시 흔하게 주변에 널려있고, 아이들에게 몹시 유혹적이다. 우리 시대의 아이들은 이 구덩이에 빠지지 않기 위해 솔직함을 먼저 배워야 할지 모르겠다. 하여튼 우선 초등학교 때 이 구덩이에 빠졌던 내 동생은 온갖 루머를 양산하며 ♡♥우리 우정 뽀레벌♡♥ 같은 손, 발이 민망함으로 오그라드는 정체불명의 인터넷 클럽을 왔다 갔다하더니 급기야 사고를 쳤다. 중학교에 입학하고 얼마 안 있어 우리 동생님께선 '학교? 그게 뭔가요? 먹는 건가요?' 하는 사고방식을 갖기 시작하더니 반항이 모토요, 하는 삐뚤어진 사춘기를 걷다가 많은 사람들 가슴에 대못을 박고 눈알이 빠지도록 눈물을 쏟게 한 뒤에 돌아왔다.

지금도 우리는 그 때의 이야기를 하면서 동생을 놀리곤 한다. 지금은 자기도 멋쩍은지 금방 외면해버리곤 하지만 말이다. 내 동생은 막내인 탓에 어릿광이 약간 많다. 가끔 반항적인 모습도 보인다. 이럴 수가, 아직도 사춘기란 말인가, 오들오들 떨고 있는 나와 엄마와 언니. 하지만 그럼에도 불구하고 기회가 있다면 내 동생에게 더 많은 기회를 주고 싶다. 잃어버렸던 시간들보다 더 많은 것들을.

나는 5인의 우리 가족을 제일 사랑한다. 나를 있게 해줬고, 나를 일으켜 세운다. 나를 사랑하게 만들고, 더 나은 내가 되도록 항상 격려해준다. 이 세상에 가장 소중히 지켜야 할 것이 있다면 사람이 살아가는 일인데, 그 중에서도 가족이 제일이니, 가족이란 것은 그 자체만으로도 소중하다. 물론 가족이 항상 이상적이지 않을 수도 있다. 가장 가까운 곳에 있는 만큼, 혹은 가까이 있어야만 하는 만큼 무수한 상처를 동반하고 콤플렉스와 공포를 만들고 비난과 대화의 단절을 익히기도 한다. 하지만 그럼에도 불구하고 우리에게 있어서 가족이란 말이 의미가 있는 것은, 그만큼 지키거나, 혹은 만들어낼 가치가 있다는 말이 아닐까. 그 가치가 사랑으로 반짝반짝 빛날 수 있도록.

접속 3 고슴도치의 우아함

나의 어린 시절은 극도로 희미하다. 부모님께서 모두 일을 하셨기 때문에 상당히 외로운 어린 시절을 보냈던 것은 확실하지만, 그 이상 인식하는 기억들은 거의 없다. 희미한 외로움으로 남겨질 추억조차 몇 없다는 것으로 봐서 어렸을 적의 나는 그렇게 기억을 잘 하는 아이는 아니었던 것 같다. 모든 기억들이 갑자기 선명해지기 시작한 것은 초등학교 3학년 무렵이었다. 이 때 처음으로 사춘기가 시작되었다. 돌이켜보면 당시에는 정말 이른 사춘기라고도 할 법도 한데, 요즘 아이들이 너무 조숙해서 이젠 그것도 아닌 것 같다. 처음에는 그것이 사춘기인지 뭔지 아무것도 몰랐다. 그저 자꾸만 많은 것들이 나에게 흘러들어왔다. 그리고 참 이상하게도 그것은 36.5도의 따뜻한 공기가 아니었다. 자꾸만 뭔가가 흘러들어오는데 따뜻하지도 아름답지도 않아서 나는 계속 변해갔다. 나의 세계와는 이질적인 모든 것에 적대적으로 가시를 세워갔다.

나는 '아이' 였기 때문에 '어른들' 은 나의 적이 되었다.

'조용한 아이' 였기 때문에 '소음' 은 배척당해야 되는 것으로 여겨졌다. 내가 납득되지 않았기에 무수한 지식의 구절들이 한 조각 쓰레기처럼 여겨졌다. 모든 것들이 한꺼번에 나에게로 흘러들었고 무너지고 멋대로 사라졌다. 더러는 내가 무시했고 어떤 것은 제대로 불을 피우지도 못하고 사라졌다. 더 나은 내가 되는 기회가 사라질 때마다 그것을 애써 무시했다. 고개를 돌리고 싶지 않았기 때문이다. 우습게도 연약한 나의 어린 세계를 지키기 위해서 말이다. 점점 세계는 좁아져 갔다. 내가 문을 열지 않으니 당연한 일이었다. '나' 를 자각한 순간부터 첫 번째 봄을 지날 때까지 나는 나를 급속도로 잃어버렸다. 생각해보면 우스운 일이다. 뒤돌아보는 법을 몰라서 고개 숙이지 않았고 세상을 볼 줄 몰라서 한 쪽 눈을 감았다. 잃어버리기 싫어서 나를 닫았는데도 내가 자꾸만 빠져나갔다. 그게 너무 슬펐다. 투명하지도, 선명하지도 않은 어리고 흐린 슬픔이었다. 당연하게도, 항상 마음이 답답했고 불평만 늘어갔다. 문제의 원인도 알 수 없었고 원인없는 두통이 계속되니 짜증만 났다. 부조리한 세상이 빨리 사라지기를 바라고 외부의 작은 자극에도 심하게 감정이 요동쳤다. 내게 소중한 것이 아무것도 없었고 나를 소중히 여기는 사람이 없다고 여겨졌다. 매일 매일 내가 사라졌다.

그 때의 나는 내가 평생 나를 상처 입히는 가시를 세워 나를 방어하면서 살 줄 알았다. 아프다고 생각하면서도 혼자만 세상에서 제일 슬픈 것 마냥 스스로를 자학하면서도 그저 막연히 이 슬픔이 계속되리라 여겼던 것 같다. 아니 어떻게 해야 할 줄을 몰라서 그저 바라만 보고 있었다.

중요한 것은 정면으로 부딪치는 것이었다. 끊임없이, 누구나 생각했을, 그리고 되뇌었을 그 '죽고 싶다' 는 절망은 사실은 살고 싶다는 이야기다. 이렇게 살고 싶지 않다는 것이고 이렇게 살고 싶지 않다는 것은, 적어도 나에게는 더 나은 내가 되고 싶다는 것이었다. 더 나은 내가 되기 위해선 닫힌 마음을 열고 감은 눈을 뜨고 숙였던 고개를 높이 들고 무엇보다도 정면으로 부딪칠 용기를 가져야 된다.

우리는 모두 고슴도치다. 연약하든, 강하든 누구나 가시를 갖고 있다. 그리고 그 가시는 매일 자라난다. 어떤 것은 자신을 상처 입히고 어떤 것은 주변사람들을 공격한다. 그렇다고 이것을 꺾을 것인가? 혹은 뽑아버릴 것인가? 성급히 손을 대면 손을 뻗은 사람만 다치게 되고 멋대로 뽑으면 상처가 벌어져서 피가 흐른다. 그런 것은 근본적인 해결책이 될 수 없다.

우리에겐 용기가 필요하다. 정면으로 마주해야 한다는 용기, 그 용기야말로 몇 번이나 '내' 가 박살나는 과정을 거치고 나서 뒤돌아 볼 때, 어느새 가시들이 자라나서 나를 지켜줄 동그랗고 우아한 무언가를 만들어냈다는 기쁨을 발견하게 할테니까 말이다.

정말로 정면으로 부딪치면 놀랍게도, 상상했던 그 고통은 정말로 상상의 것이었다는 것을 알게 될 것이다.

언제나 생각 속에서는 스스로 몇 번이나 죽었다가 살아나는 법이니까. 그리고 그것을 확인하는 것은 오롯이 스스로의 몫이다.

접속 4 GLORY DAYS

나는 교회에 다닌다. 나를 아는 친구들은 나를 부를 때 농담 삼아 "누가 크리스천 아니랄까봐"라고 종종 말하기도 한다.

하지만 나도 어릴 적엔 교회가 너무 어려워서 일부러 먼 길을 돌아서 피했다. 자주 교회를 빠졌고 어쩌다 한번 갈 때면 한 시간 내내 "이건 왜 이래요?", "저건 왜 안돼요?"등의 질문을 해대서 같은 반 아이들이 곤란해 했었지만 어린 마음에 아랑곳하지 않았던 기억도 있다.

지금은 그냥 그런 생각이 든다. 내가 사랑하는 사랑, 나와 항상 함께 하는 이 사랑. 나는 기도를 할 때마다 이 사랑이 무척이나 친근하다. 이를테면, "하나님 아빠, 나 오늘 이런 일이 있었어요. 이랬으면 좋겠어요." 이런 식이다.

또 교회는 하나의 공동체이기도 하다. 지켜야 할 것도 많고, 해야 할 일도 많은 교회 공동체. 다른 모든 공동체가 그렇듯이 교회 생활도 마냥 쉬운 것은 아니다. 의식하지 않고, 돌봐주지 않으면 어느새 마음이~손가락 사이로 빠져나가~아차! 하는 순간에 마음이 거기서 이미 떠나버릴 수 있다. 사람의 마음이 한 시간에도 수십 가지로 변하듯 우리에게 걸쳐진 수많은 실들도 그런 식으로 엉키다가 끊어지는 경우가 허다하다. 하지만 나는 그 실들을 매듭짓고 조이고 풀어내면서 그것들을 통해 좀 더 넓게 크게 바라보는 일들을 익혔다.

우리가 살아가는 동안 참 많은 일들이 있었기 때문에, 교회에 다닌다고 말하면 고개를 젓는 사람들을 종종 만나게 된다. 그럴 때마다 사실 가슴이 아프다. 마냥 좋고 좋은 사랑은 인간들의 손에 퇴색되곤 하고, 천국은 사다리로 이을 수 없게 된다. 하지만 사람들이 고개를 젓는 것은 교회에 다니는 사람이라면 사랑을 베푸는 삶을 살기를 바라는 기대가 있었기 때문이 아닌가 하는 생각도 든다.

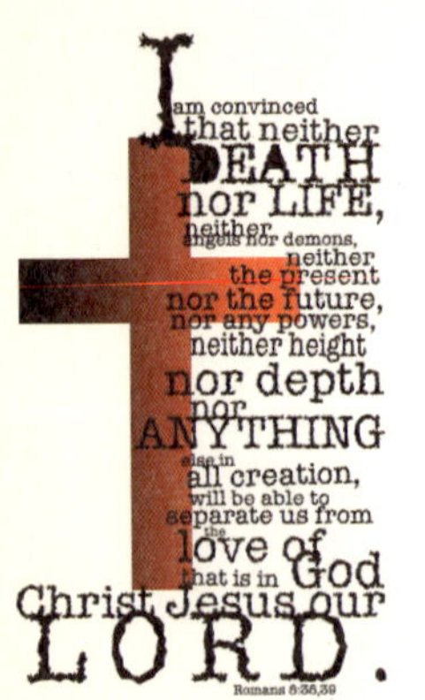

다들 자기 자신만을 바라보는 세상에서 단지 크리스천이라는 그 이유 때문에 선하게 살기를 기대하는 삶, 기꺼이 그런 삶을 먼저 살 수 있는 내가, 그리고 우리가 된다면 세상은 좀 더 따뜻해지지 않을까.

권진욱/자유연상접속장치

접속 5 수레바퀴 아래서

임원과 리더의 무게에 대한 기억이다. 나는 초등학교 때부터 학급임원을 자주 했었다. 하지만 냉소적이고 철없었던 초등학교 시절에는 오히려 그 책임에서 쉽게 회피하고는 했다. 아이들이 하나둘 떠들기 시작하면 나는 책을 집어들고 조용히 읽었다. 사실 집중이 되지 않아서 책은 읽지 못했다. 단지 나는 '지금 책을 읽고 있어, 그러니까 괜찮아.' 라는 생각이 중요했다. 몇 번이고 조용히 하라고 외쳐도 간헐적으로 터져나오는 웃음소리는 나에 대한 비웃음 같았고 나는 금방 그것을 견딜 수 없어졌다. 지금은 인정할 수 있다. 그것은 어린 나의 한계였다. 한계를 인정하는 것과 동시에, 지금의 나는 다르다고 말할 수 있는 내가 여기 있을까? 적어도 지금의 나는 많은 생각을 할 수 있다. '이랬으면 좋을 텐데.' 하고 말이다.

하지만 간부를 맡았던 수많은 아이들이 느끼듯이 이상적인 교실을 만드는 것은 정말이지 쉬운 일이 아니다. 간부들은 성인의 권위가 없다. 하지만 의무와 책임은 있다. 심지어 아이들은 담임선생님보다 실장에게 더 많은 심리적 기대를 건다. 하지만 같은 교실의 아이들은 모두 같은 나이의 똑같은 아이들일 뿐이다.

중 3 때 실장이 되었는데, 내가 원한 것임에도 불구하고 너무 힘들었다. 때때로, 많은 시간이 말이다. 하지만 힘들었던 것만큼 좋은 실장이 되지 못한 것, 그게 제일 힘들었다. 부족한 실장 만나서 고생했다고 연말에는 반 아이들 모두에게 편지도 썼다. 비록 컴퓨터로 짧게 썼지만 꽤 시간이 걸렸다. 하지만 모두가 좋아해줘서 굉장히 기뻤다. 그 뒤로도 버릇이 들어 연말에 반 아이들에게 편지쓰기는 계속 하고 있다.

이런 '리더' 의 무게에 대해서 많다면 많고, 적다면 적은 경험들이지만 느끼는 바는 결코 적지 않았다. 리더는 모두의 앞에 서 있는 존재가 아니다. 앞에도 서 있지만, 옆에도, 뒤에도 항상 서 있다. 우리가 리더가 될 때도, 혹은 리더를 따라야 할 때도 많지만, 대게 리더가 힘든 이유는 리더는 언제 어디에서라도 영향력이 있기를 기대받기 때문에 그 기대만큼 어깨에 짐을 져야하기 때문이다.

리더에게 필요한 것은 '신뢰' 와 '용기' 라고 생각한다. 비난보다는 칭찬을, 재보다는 화관을 말이다.

접속 6 그래도 나는 즐겁게 살고 싶다

영화를 보러 가는데 "단적비연수를 달라"는 것이 "단양적성비 주세요"라고 말한다던지, 버스에 교통카드 대신 급식카드를 댄 이야기, 친구한테 '나 똥 싸고 온다. 나가지 마'라는 쪽지를 전체 문자로 하고, 기계에 교통 카드를 찍는 게 아니라 돈통에 넣은 이야기, 슈퍼에 가서 "망설임 주세요.", 외국인 가정에 피자를 배달했는데 콜라를 빠트리고 와서 "comming soon :p"이라고 한 이야기, 조리 고등학교 면접장에서 존경하는 요리사를 김수미라 이야기한 것(환상적인 간장게장의 맛) 친구에게 "어디쯤 기고 있니"라고 물었다는 사람 등 실수담을 하나하나 이야기하면 끝이 없다. 물론 이런 유쾌하고 즐거운 실수담도 많다. 읽기만 해도 기분이 좋아진다.

내게도 이런 실수담이 여럿 있다. 엘리베이터를 잘 타지 않는데 혼자 엘리베이터를 타다가 "올라갑니다." 소리에 놀라서 넘어질 뻔 했던 일도 있었고, 순간 세종대왕님을 대종세왕님이라고 쓴 적도 있다.

하지만 이런 즐거운 실수 뿐 아니라 기억하기도 싫은 실수들도 종종 저질렀다. 역시 사람은 말을 조심해야 하는 것이다. 중학교 때 성격이 좋고 밝아서 좋아했던 친구랑 1년 뒤에 반이 갈라졌다. 그 아이가 우리 반에 놀러 왔을 때 "너 하나도 안변했다."라는 농담을 했다. 그 아이가 웃자 나도 모르게 "그게 칭찬으로 들리니?"라고 했다(^^). Oh My GOD. 기가 막혀! 농담이지? 농담이었다. 그런데 그 다음날부터 그 아이랑 이야기한 적이 없었다. 흑흑… 그 외에도 잘 알지도 못하면서 말하다가 아는 언니에게 정신적 충격도 줬고, 엄마에게는 지금 생각해도 아찔한 결정적인 말실수를 해서 엄마를 한동안 울적하게 만들었던 적도 있다.

물론 사람이니까 실수를 안 할 순 없다. 하지만 실수하는 것에서 그친다면, 실수에서 배울 수 없다면 얼마나 마음이 우울할까? 실수를 통해 더 나아지는 내가 되었으면 좋겠다.

권진욱/자유연상접속장치

접속 7 아리아드네의 실타래

실패하는 게 두려워 어중간하게 있는 일은 정말이지 너무나 쉬운 일이다.

할 수 있냐?고 물으면 모르겠어요.
할 수 없냐?고 물으면 모르겠어요.
아직 해 본 적이 없거든요!
아니; 해본 적이 있는 것도 같아요.
그런데 잘 모르겠어요.
하지만 이거, 실패한 건 아니죠?

우리는 아직 무지하다. 할 수 있는 것도, 할 수 없는 것도 해야 하는 것도, 하고 싶은 것도 정확히 알지 못한다. 하지만 그럼에도 불구하고, 언젠가의 선택을 위한 이 시간들이 훨씬 낫다. 이 미로 속에서도 실타래를 따라가다 보면 언젠가는 해답들을 발견할 테니까. 실제 신화 속의 아리아드네는 슬픈 결말을 맞았지만, 우리들은, 이 손에 쥔 실타래를 감아쥐고선 행복에 다다르는 결말을 찾아내자.

접속 8 OTAKU

오타쿠란 게 대체 뭘까? 국어사전에 검색하니 이런 글이 나온다. 한 분야에 열중하는 마니아보다 더욱 심취해 있는 사람을 이르는 말.

설득력 없는 설득을 하는 사람이 있습니다.

빙뱅를 좋아하는 모 여고생에게 "야, 이, 빙덕후야."라고 말한다고 치자. 여기서 빙덕후란 대체 무슨 말일까? 빙뱅+오타쿠(=오덕후)를 합친 말로, 우리 주변에서는 오타쿠가 이미 실생활어로 자리잡고 있다. 오타쿠의 원조라고 할 수 있는 일본에서는 이미 '아톰 오타쿠' 들이 '이족보행 로봇' 을 만들어내는 등 여러 가지 기행을 많이 볼 수 있다.

물론 오타쿠는 기타 좋지 않은 편견들도 함께 자리잡고 있다. 일명 '안여돼' 가 바로 그것인데, 안여돼란 안경+여드름+돼지를 의미한다. 오타쿠하면 현실과 동떨어진 환상의 세계에 틀어박혀서 자신들끼리만 열광하는 그런 이미지가 분명히 존재한다. 게다가 종종 환상을 뚫고 나와 현실세계와는 다르다는 것을 인지하지 못한 채 민폐를 끼치기도 한다. 어떤 면에선 '이해할 수도 없고 이해하기도 싫은' 모습이다.

그런데 왜 오타쿠 얘기를 하냐고? 왜냐면 사실 나도 오덕 소리 많이 듣고 자란 소녀기 때문이다. 난 단지 여러 가지를 좋아 할 뿐이고, 한번 좋아하면 깊게 빠질 뿐이고, 하악질을 좀 했을 뿐인데 말이다. 예전엔 오타쿠라고 불리기 싫어서 많이 발악했지만 지금은 오히려 괜찮다.

누구 오타쿠 아닌 사람있나? 문학 좋아하면 문학 오타쿠고, 물리 좋아하면 물리 오타쿠고, 아이돌 좋아하면 아이돌 오타쿠지~하는 심보다. 심지어 닭을 좋아하는 나는 스스로를 닭덕후라고 부르기도 한다. 물론 이런 이야기를 하면 자신이 오타쿠(혹은 매니아)라 자부하는 사람들은 거부반응을 보이겠지만 말이다.

내가 하고 싶은 말은 오타쿠는 그렇게 먼 존재가 아니란 거다. 오타쿠라고 하면 질겁을 하는 당신도 어쩌면…?

권진욱/자유연상접속장치

접속 9 황금뇌를 가진 사나이

경쟁의 논리, 제로섬 게임. 우리는 이미 그런 시대를 살고 있다. 우리는 초등학생 때부터 도화지에 꿈을 채우는 것보다 수학식의 피라미드를 쌓는 것에 더 익숙한 세대인 것이다. 그리고 우리 밑의 21세기의 새 시대의 아이들은 아마 더욱 그럴 것이다. 문 밖으로 어떤 재미가 있는지를 알 수 없는 시대 말이다. 예전에 황금의 뇌를 가진 사나이의 이야기를 읽은 적이 있다.

> 옛날에 머릿속이 온통 황금으로 된 사나이가 있었다. 그가 세상에 태어났을 때, 의사들은 그 아이가 오래 살지 못할 것이라고 생각했다. 아이의 머리가 이상하리만큼 크고 무거웠기 때문이다. 어느날 그가 계단에 부딪쳐 머리를 다치게 되고, 쇠붙이가 덜커덕거리는 소리가 들린다. 머리카락 사이로 비죽이 황금부스러기가 나와 있고, 그 순간 사람들은 그가 황금뇌를 가졌다는 사실을 알게 된다. 아이는 나중에 커서 돈이 필요할 때마다 자신의 뇌를 뜯어서 팔았다. 친구에게 강도당하기도 하고, 자신을 키워오느라 노심초사한 부모에게 사례금으로 떼주기도 한다. 그러다가 마침내 골속이 다 비어 인생을 제대로 살아보지도 못한 채 죽음에 이르게 된다.
>
> — 법정 「오두막 편지」 중에서

나는 초등학생 때 이 글을 읽었다. 그리고 바로 학원으로 갔다. 하필 그 때 진득하니 어려운 수학 문제를 두고, 몇 시간이고 문제를 풀어나갔는데 도저히 풀 수가 없었다. 벽에 머리를 박으면서 나는 내 황금의 뇌가 누군가에게 뜯겨지는 끔찍한 상상을 하면서 울다가 잠이 들었다. 수없는 눈물방울을 떨어트리면서 우리는 피학적인 감상에 젖어야 한다. '우리는 왜 이것밖에 안될까?' 하는 자학. 재가 가능하니까 우리도 가능하다는 희망을 우리에게 줄 순 없는 걸까? 경쟁, 경쟁이기에—너와 내가 싸워야만 하기에 그마저도 불가능하다. 왜 우리에게 자꾸만 경쟁을 강요할까? 우리는 언제까지 우리의 뇌를 조각내서 뜯겨져야 할까?

천경자, 황금의 비 ▶

접속 10 도도의 이야기

도도는 조금 특이한 아이였다. 태어나서 한 번도 노력한 적이 없었고 열심히 살고 싶다는 생각을 한 적이 없었다. 또한 도도는 웃어본 적이 없다. 실컷 울어 본 적도 없다. '웃는다'는 것은 안면 근육을 움직여 입꼬리를 올리는 행위다. 하지만 안구를 적시는 것 이상의 눈물을 흘리는 것은 너무 어려웠다. 도도의 주변의 한 친구는 "한 번도 울어보지 않은 사람은 한 번도 웃어보지 못한 사람보다 더 이상하다."는 말을 했다. 그 후 친구는 떠나갔다.

도도는 자랐다. 자라고 싶어서 자란 게 아니라 시간이 아이를 키우듯 키와 몸만 쑥쑥 자라났다. 아무것도 변하지 않았는데 사람들은 도도에게 이제는 너의 꿈을 얘기해보라고 한다. 도도는 이해할 수 없었다.

도도는 어느 날 방에서 그림책을 하나 발견한다. 새 그림들이 잔뜩 그려져 있는 그림책이다. 도도는 어떤 새를 발견하고는 문득 추억에 잠겼다. 아주 어렸을 적의 기억이다.

새의 그림이다. 몸통이 짧고 통통한, 그리고 날개는 더 짧은, 겨우 새의 모습을 한 그 새의 그림을 보고 어린 도도는 엄마에게 말했다.

"엄마 이 새 이름이 뭐야?"

"어디보자. 어머, 그 새의 이름은 바로 도도새란다. 우리 도도랑 이름이 같네?"

하지만 애석하게도 그 새는 결코 희망적인 존재가 아니었다. 그 이름은 도도, '멍청이'라는 뜻을 갖고 있었던 것이다.

평화로운 섬에서 나는 법을 잊어버렸고 결국은 침략자들에 의해서 멸종한 어떤 고대의 새, 아무것도 모르고 살아가다가 멍청이라는 이름을 얻은 그 새. 친구가 떠나갈 때, 꿈과 희망과 멀어질 때, 일상과 고립되어 갈 때마다 도도는 모리셔스섬에서 멸종해간 자신의 운명의 새를 떠올렸다.

그 새는 날지 않았다. 그리고 자신도, 날지 않는 인간이었다. 그 새처럼 언젠가 사라질 것이라는 생각도 했다. 하지만 별로 상관은 없었다. 전혀 무섭지 않았다. 그런 생각들에 빠져 그림을 바라보다 도도는 잠이 들었다. 깊은 잠이다. 도도가 한번도 꾼 적 없는 꿈을 꿀 수 있을 만큼 깊은 어둠이 찾아들었다.

도도가 눈을 떴을 때 놀라움을 감출 수가 없었다. 자신에게 날개가 돋아있었던 것이다. 짧은 몸통과 날개, 다리. 그렇다, 도도는 자신의 새가 되었던 것이다. 도도는 이 새의 운명이 어떤지 알고 있었다.

문득 주변을 둘러보았다. 각양각색의 나무들이 활엽수와 침엽수를 가리지 않고 빽빽히 우거져 있고 저 너머서 물방울이 떨어지는 소리가 들렸다. 풀벌레가 낮게 울고 바람소리가 어울려 들려왔다. 이곳은 모리셔스섬이다. 나를 공격하는 모든 것들이 사라진 섬. 따뜻한 햇살이 온 몸을 내리쬐었다.

문득 하늘을 바라보고 싶어서 눈을 들었다. 놀라운 광경이었다. 잔뜩 무리를 지은 새들이 푸른 하늘을 마음껏 날아다니고 있지 않은가.

도도는 문득 슬퍼졌다. 이 곳에서도 날지 않으면 안 되는 것일까. 도도는 난다는 것을 몰랐다. 날아야 된다는 것도, 날고 싶다는 것도. 게다가 이 날개는 날 수 있다고 말하기엔 너무 작아보였다.

도도는 하늘을 바라보기를 포기하고 발 밑을 보았다. 도도의 몸의 절반 정도의 커다란 알들이 바로 시야에 들어왔다. 설마 내 알이야? 놀라기보다 덜컥 걱정이 앞섰다.

그 때 숲 속에서 어떤 것이 퍼뜩 뛰쳐나왔다.

"그 알을 내 놔!"

도도는 깜짝 놀라 알에서 멀어졌다.

"도둑놈 같으니! 감히 내 알을 가져가?"

그 새는 숲을 가로질러온 듯 했다. 목이 무척이나 길고 다리 또한 길었다. 그 긴 목과 다리를 흔들면서 몸에 엉겨붙은 풀 이끼 따위를 털어내는 긴 다리의 새 앞에 선 도도는 무척이나 작았고, 그 사실 때문에 더 작아지는 듯 했다.

"너 이 알을 찾기 위해 온 거구나?"

"그래 그러니 어서 빨리 내 알을 내 놔"

"그런데 왜 날아오지 않았어?"

"난 타조야. 난 날지 않아"

도도는 무척이나 반가웠다. 갑작스러운 상황에 대한 당혹감보다, 자신처럼 날지 않는 새가 있단 사실이 너무 기뻤다.

"너도 날지 않는 새니?"

"어? 넌 그러고 보니 도도새로구나?"

타조는 도도보다 월등히 긴 목을 좌우로 흔들며 이야기했다.

"넌 정말 멍청이로구나. 난 날지 않는 게 아냐. 나에겐 나는 것보다 더 빠른 다리가 있다구. 난 언제나 달려서 내 보물을 지켜낼 수 있어."

멍하니 있는 도도를 내치며 타조는 자신의 알을 품었다. 그러고선 머리로 도도를 힘껏 밀어냈다.

도도는 몹시 슬퍼져서 자신이 있던 장소를 벗어나 터벅터벅 걸어갔다. 저 너머에, 하늘을 바라보지 않아도 되는 장소를 찾으러.

우습게도 그렇게 도착한 초원은 가장 하늘이 잘 보이는 장소였다.

거기에는 어떤, 웃길 정도로 머리가 큰 새가 있었다. 도도는 조용히 그 새를 지켜봤다. 그 새는 날갯짓을 하고 있었다. 곧 날아가리라 생각했던 것과는 다르게 그 새는 날지 못했다. 몇 번의 시도를 지켜보다가 도도는 그 새에게 말을 걸었다.

"안녕? 너에게 물어보고 싶은 게 있어"

"넌 누구야?"

"난 도도새야. 이런, 이름을 말 안했었구나. 일단 미안해, 흠, 넌 이름이 뭐니?"

"난 하시비로코우야."

머리가 큰 새는 조금 부끄러워하는 것처럼 보였다. 하지만 머리가 너무 크고 눈이 부리부리한 탓에, 사실 도도는 살짝 무서웠다.

"그렇구나. 그런데 넌 왜 날려고 하니?"

"뭐? 새라면 당연히 날려고 하는거 아냐?"

그 새가 도도에게 무척이나 깜짝 놀란 듯이 이야기했기 때문에, 도도는 기분이 상했다. 그런 것은 '당연' 하지 않다. 모두가 당연하게 날아야 하는 건 아니라고 생각하자 갑자기 날지 않는 새를 찾는 것이 더욱 그리웠다. 당연한 것이 아닌데도 여기서 모든 새들은 날아가려고 하는구나. 왜 나와 함께 하려고 하지 않지? 사실은, 날지 않는 새를 찾는 건지 날지 않아도 되는 새를 찾는 건지 도도 자신도 혼란스러워진 것일지도 모른다.

"내가 말하려는 건 그런 게 아니야. 너도 알다시피 이 섬은 몹시 풍요로워서 떠나갈 필요가 없단 말이야. 왜 날려고 하니?"

그 새는 잠시 뭔가를 생각하는 듯 했다. 도도는 초조해졌다. 이 새를 놓치면 영원히 날지 않는 하늘을 홀로 걸어야 할지도 모른다는 생각이 들었다.

"넌 믿을지 모르겠지만 난 사실은 날 수 있어."

"갑자기 그게 무슨 소리니?"

"난 머리가 커서 넓적부리황새라고도 불려. 그리고 덩치가 커서 날기가 무척이나 힘이 들지. 하지만 난 날고 싶어. 왜냐면 날개가 있기 때문이야."

"나에게도 날개가 있어. 하지만 난 날기가 싫은걸."

그 새는 끼익끼익 이상한 소리를 내면서 웃었다.

"날아다니는 모든 것들은 자유로워. 하지만 그 날개짓을 하기 위해서는 무척이나 힘이 들지. 게다가 날아가기 위한 그 과정은 굉장히 고통스럽고, 무수히 많은 경쟁을 거쳐야 될 거야. 넌 그래서 날기가 싫은 거니?"

"잘 모르겠어. 난 왜 날아야 하는지 그 이유를 모를 뿐이야."

"난 날고 싶어. 소중한 꿈이 있거든."

"꿈? 그것 참 놀라운 말이로구나. 넌 꿈을 위해서 이 모든 걸 버리고 그 수많은 고생을 할 수 있단 말이니?"

도도는 빈정거렸다. 진심으로 이해할 수가 없었다. 차라리 더 나은 삶을 위해서라고 했다면 믿었을 것이다. 모두가 그러니까.

"물론이야. 너 혹시 알바트로스의 이야기를 들어봤니?"

"그게 누구야?"

"세상에서 가장 큰 새!"

"응?"

그 새의 눈동자, 너무 커다래서 도도가 겁을 먹었던 눈동자가 기이한 열기를 띠고 반짝였다. 꿈을 품은 눈동자는 평소보다도 더 커보였고, 지금 있는 곳이 아닌 어떤 장소에 서 있듯이 기묘하게 현실감이 없었다. 하지만 굉장히 반짝이고 있었고, 도도는 이상하게도 심장이 덜컹거렸다.

"그 분은 이미 사라졌어. 하지만 이 하늘 너머에, 아주 아주 오래 날아가면 보이는 그 세상에서는 그 분이 나는 모습을 볼 수 있대."

"난 그런 이야기를 들어 본 적 없어."

도도가 풀이 죽은 목소리로 대답했다.

"그래, 하지만 난 그 분과 함께 날아보는게 꿈이야."

"미안하지만 네 꿈은 너무 시시해보여."

"할 수 없지. 네가 거기까지 밖에 볼 수 없다는 말이니까. 하지만 난 보잘 것 없지만 날개를 갖고 태어났어. 난 날고 싶어. 내가 할 수 있는 데까지 날아보고 싶단 말이야. 그리고 꼭 내 꿈을 이룰 거야."

도도는 한동안 말이 없었다. 그 새도 마찬가지였다. 한참 후에 도도는 조그만 목소리로 말을 했다.

"거기까지 가는 길은 무척이나 힘들 거야. 중간에 추락할지도 몰라."

"추락하는 것에만 날개가 있다고 누가 그러더라. 난 그 추락까지 기꺼이 받아들일 거야. 그럴 수 있기를 매일 기도해"

도도의 머릿속에서 가느다란 실이 끊어졌다. 아집, 교만, 다른 사람들이 도도에게 '나태'와 '태만'이라고 이름붙이고 손가락질하던 모든 것일 수도 있다. 혹은 소중하게 지켜왔던 지금까지의 도도 자신의 모습, '나'일 수도 있다. 그런 것들이 가느다란 실타래로 엉켜있던 실의 끝을 그 말 한마디가 끊어놓은 것이다. 도도는 가만히 주저앉았다. 머리가 큰 새는 그런 도도를 물끄러미 바라보다가 고개를 젓더니 다시 날아오르려고 날개를 파닥거렸다. 몇 번이나 몇 번이나……. 도도는 그 모습을 물끄러미 바라만 보고 있었다.

그리고 마침내 그 새가 날아오르기 시작했을 때 도도는 태어나서 처음으로 가슴이 벅차오르는 것을 느꼈다. 아직 도도에게 그것이 어떤 감격적인 순간이라고 말하긴 어색하지만. 그저 조금 슬프고, 조금은 기쁜 장면이었다. 하지만 그 새가 날아가는 모습은 도도가 여태껏 봐왔던 그 어떤 새보다 멋있었다. 도도는 자신이 울고 있다는 것을 깨달았다. 눈물이 뚝뚝 떨어지는 도도의 시야에 넓고 푸른 하늘이 들어선다, 그곳에 머리가 큰 새가 날고 있다.

권진욱/자유연상접속장치

힘차게 날아가는 하시비로코우의 옆으로 먼저 하늘을 날고 있었던 수많은 새의 무리가 함께 날아올랐다. 수없이 많은 새들이 모여서 만든 모양은 마치 하나의 거대한 새 같아서 도도는 문득 어떤 새도 이것만큼 크고 위대해 보이지 않을 거라는 생각을 했다.

‘혹시…….’

모른다. 그 새는 꿈을 향해 날아갔으니까 말이다. 그것을 확인하는 것은 도도가 아닌 그 머리가 큰 새의 몫일 것이다.

그리고 마침내 도도가 눈을 떴을 때, 자신이 꿈을 꿨다는 사실을 깨달았다.

방금 꿈 속에서 도도는 펑펑 울었지만, 꿈이란 사실을 알았을 때 어쩐지 웃음을 참을 수가 없었다. 말갛게 웃고 있는 도도의 옆에 거대한 새의 깃털처럼 보이는 무언가가 반짝이고 있었다.

접속 11 너에게 쓰는 편지

이야기는 나만의 것이 아니다. 말은 나만 간직하라고 생겨난 것이 아니며, 언어는 나의 이야기만을 담기 위한 도구가 아니다. 나의 의견을 이야기하고, 상대방의 이야기를 듣고, 더 나은 타협을 향해 가는 것, 그리고 그 의견이 '타당하다' 고 인정받는 것, 말을 해서 상대방을 설득시키거나 내 의견을 이야기하고, 그것을 써내려 가는 것은 내가 최초로 자각한 자기표현이다. 그리고 나 또한 말로써 수 없이 구원받고 좌절한 경험이 있기 때문에 내게 있어서 말과 글은 무엇보다 가치 있는 큰 선물이다.

앞 장에 소개된 글은 고 2 때 이야기대회에 참가하는 것을 목적으로 의욕적이게 집필한 이야기다. 이야기나 글쓰기를 좋아하는 데다가 귀한 기회라 여겨져서 신청을 했지만 결과는 예선 탈락. 열심히 했는데 떨어졌다는 충격보다는 내 이야기가 부정당한 느낌에 더 배신감과 충격이 컸던 것 같다.

도도의 이야기는 내 이야기기도 하기 때문이다. 사실 나에게 있어서 나를 이야기하기란 무척이나 어려운 일이다. 그래서 이렇게 우화의 형식을 빌려서 이야기를 했지만, 결과만으로 따지자면 아마 이글은 '실패' 일 것이다. 하지만 실패라고 생각하고 싶지 않다. 언제나, 이 글을 썼을 때의 마음만은 간직하고 있다. 그렇기 때문에 부끄럽지 않다.

접속 12

미완 예찬

달려도, 항상 그 자릴 맴도는
미로처럼 두려울 때도
내 안에 꿈은 걸음을 이끌어
내 심장의 울림을 따라

겁낼 것 없어, 내게 끝은 없으니
타는 사막을 맨발로 걸어간대도
뜨거운 아픔을 이겨내는 건
또다시 꿈꿀 수 있기 때문에

가난한 꿈을 비웃는 세상이
나를 초라하게 할 때도
가질 수 없는 그래서 많은 꿈
나를 웃게하는 힘인걸

멈추지 마라, 이제부터 시작일 테니
거친 폭풍에 내던져진다고 해도
쓰러진 아픔을 이겨내는 건
또다시 꿈꿀 수 있기 때문에

외쳐 봐, 뛰어 봐, 날 가둔 세상을 향해
내겐 숨쉬고 살 더 많은 날이 기다리는 걸
외쳐 봐, 뛰어 봐, 부족한 나이지만
꿈을 꾸는 난 이대로 더 아름다운 걸

— song by 버즈

4 진유정 | 나비의 날갯짓

나비는 일년이라는 짧은 생애를 살아간다.
그 짧은 생애를 살아가는 동안
알에서 깨어나 애벌레가 되고
자신을 노리는 다양한 적수들의 눈을 피해
번데기라는 인내의 과정을 거쳐야만—
자신의 아름다운 날개를 펼칠 수 있다.

나는
18살이다

나는……

Part1#

나, 깨어나다

who am I?
나는 누구지?
"와그작 와그작"
잎을 먹고 또 먹고—
난 나를 채워가는 중이다.

집채만한 딸기였지.
그런 딸기가 끝도 없이 펼쳐졌었어—
그 위를 막 뛰어다니며,
딸기의 향긋한 내음새를 맡았단다.
너무 또렷한 꿈이었어.

너른 갯벌을 거닐고 있었어.
그 때 아주 큰 빵게를 보았단다.
신기한 나머지, 그 게를 잡고 살포시 들어올렸는데—
새끼 빵게들이 바글바글 붙어있더구나.
근데, 난 그게 징그럽지 않았어.
오히려 귀여웠단다. 그 조그만한 것들이.

엄마가 꿈을 꾸고 정확히 10달 후,

1991. 05. 31 나는 태어났다.

보통의 아이

어릴적의 나는 여느 아이들과 같이
칭얼대기 좋아하고, 가족에게 사랑받는 아이였다.
아직 자신의 진정한 '특별함' 에 대해서도 알지 못 했고
언제나 자기 중심적인 틀로 세상을 바라보았던,
자기를 우상시했던 보통의 아이였다.

엄마의 딸

내가 '지금의 나' 로 자라나기까지
가장 많은 영향력을 끼쳤던 이는 '엄마' 이다.
나 아닌 이와의 최초의 접촉.
아장거리는 나에겐 내 세상의 전부이기도 했던
친구이자 언니 같은, 내 인생의 영원한 조언자

그녀는 토끼풀같은 사람입니다.

길 가다 문득 마주치는 흔하디 흔한 토끼풀 말이지요.

시멘트 바닥 한 귀퉁이, 한 줌 남은 흙에 기어코 자라더니 누군지 모를 행인에게 쉽사리 밟혀버리는 그런 토끼풀 말입니다. 저는 하이얀 토끼풀꽃을 보면 그녀의 웃음이 생각납니다.

언젠가 그녀는 제게 웃으며 말했지요. 그 날은 허연 배춧속을 뻘겋게 채워나가던 김장날이었답니다. 옆에서 날름날름 받아만 먹던 제가 '이건 싱거우니- 저긴 덜 발렸니-' 잔소리를 늘어놓았더랬죠. 그녀는 "처음 김치를 담구었던 게……. 초등학교 3학년이었지?"하며 예의 그 긴 옛 이야기를 풀어놓았습니다. 하얀 그녀의 미소가 함께여서 그랬을까요? 저는 마냥 즐거웠답니다. 누에 고치를 따러 학교에 가지 않은 이야기, 아침 일찍 소죽을 쑤어 소에게 먹인 이야기, 고등학교를 다니기 위해 가출 아닌 가출을 한 이야기, 외할아버지를 미워한 이야기, 아르바이트를 해 모은 돈으로 시골부모님께 밭을 사드린 이야기… 그냥 그녀의 이야기들이 신기하고 대단하게 느껴졌거든요.

몇 해가 지난 지금에서야 그 이야기들의 숨은 뜻을 알 것 같습니다. 그래요, 그 때 저는 참 철이 없었습니다. 소싯적 가녀렸다던 그녀의 손가락이- 왜 뻣뻣하게 굳어져버렸는지, 손등 중간중간 피어난 검버섯도, 버석버석히 갈라져 노래진 발바닥도, 눈 옆의 잔주름도… 그 때는 보이지 않았습니다. 그래서 그녀의 웃음에 묻어난 삶의 무거움을 느끼지 못했나 봅니다.

그녀와 제가 산격동 반지하에 살았을 때입니다. 저는 아침마다 가파른 언덕길을 내달렸지요. 수도관이 차가운 날씨 탓으로 꽝꽝 얼어버린 날엔, 빨갛게 얼룩진 얼굴로 저와 동생밖에 남지 않은 방에서 학교 갈 채비를 하곤 했습니다. 그렇게 나가 해가 저물쯤 돌아온 집에서 저와 동생은 그녀를 기다렸습니다. 개지 않은 이불, 산더미처럼 쌓인 설거지, 언제나 비어져 있던 숙제지들. 집안은 말 그대로 엉망진창이었지요. 지친 걸음으로 들어온 그녀의 얼굴은 단연 구겨질 수밖에 없었습니다. 그녀는 지친 목소리로 잔소리를 늘어놓았고, 저와 동생은 그제야 느릿느릿 움직이기 시작했습니다. 그러던 어느 날, 여느 때와 같이 엉망진창인 모습으로 그녀를 맞이한 날이었습니다. 그녀는 고함을 질렀습니다. 그 뒤로 이어오는 어린아이의 울음소리와 매질 소리. 참다참다 못한 그녀의 홧병이 폭발했던 거지요. 저는 그 날 울음에 지쳐 잠이 들었습니다. 잠결에 들린 부시럭거림과 화끈한 종아리에 느껴지는 연고의 차가움, 눈물자국 남은 볼을 어루만지는 손길, 그런 것들을 어렴풋이 느끼며… 그 시간들은 그녀에게도 저에게도 참 힘든 시간들이었습니다. 아니, 그녀에게 힘든 시간이었습니다. 저는 어린아이의 천진함으로 뭐가 슬픈 건지, 뭐가 힘든 건지 잘 몰랐던 시절이니까요. 그런 그녀의 힘이 되어주기에 저는 아직 너무 어렸습니다.

오늘 수업 시간에 왁스의 노래를 들었습니다. 저는 아직도 그 노래의 한 구절을 잊을 수 없습니다. "하지만 당신도 마음 약한 여자인 걸—" 이 한 구절이 자꾸만 제 귓가를 맴돌아 마음 한 켠을 아리게 합니다. 그 노래에 제 마음 한 귀퉁을 살포시 얹고 싶습니다. 언제나 제게 배움을 주는 그녀에게, 사랑을 가르쳐주는 그녀에게 항상 '고맙다' 라는 말을 하고 싶었다구요. 저 또한 그녀에게 배운 그 사랑을 다른 이에게 나누어 주겠다구요.

어릴 때부터 유난히 고생이 많았던 사람
슬픔을 웃음으로 이겨내는 사람
영원한 순수함을 지닌 사람

그래요, 그녀는 저의 엄마입니다. 하얀 웃음이 아름다운 저의 어머니입니다.

— 2008년 엄마의 생일날, 엄마에게 선물한 글.

손재주 있는 아이

초등학교 4학년, 엄마를 졸라 종이접기 학원에 다녔다.

어언 4년동안 배운 종이접기는 나를 표현하는 수단의 하나가 되었다.

어릴 적부터 '표현'의 즐거움에 빠져있던 소녀에게

무언가를 만든다는 것은, 흥분이고 자유였다.

다른 아이들과 어울려 뛰어다니는 것도 좋아했지만,

나는 나홀로 공상하기를 더 좋아했다.

내가 떠올린 생각을 머리 속이 아닌,

현실로 구체화시키는 것.

'나'를 표현한다는 즐거움.

종이접기 스크랩 & 내가 만든 작품들 ▲

내 첫 번째 꿈 SINGER

노래 부르는 아이

초등학교 시절, 교내 합창부가 있었다.

4학년부터 6학년까지 3번의 대회를 나가며 난 그곳에서 내 첫 번째 꿈의 싹을 틔웠다.

떨리는 마음을 부여잡으며 무대에 올라갈 때는 묘한 흥분에 감싸였다. 아침, 점심시간, 다른 아이들은 뛰어 놀 그 시간에 나는 합창부 연습에 갔다.

그런 노력의 결실을 보여줄 때 난 노력의 의미를 알 수 있었다.

누구나 자신만의 '특별함' 을 품고 살아간다.
그 '특별함' 이
어느 이에게는 가슴 벅찬 그림으로 다가올 수도 있고
또 어느 이에게는
고소한 냄새를 풍기는 음식으로,
감동을 주는 춤으로 다가올 수도 있다.

'특별함' 을 느꼈을 때,
사람들은 '행복' 을 느낀다.
즐거움 가득한 마음과 함께
'특별함' 은
자신의 꿈이 될 수도, 희망이 될 수도 있다.

11살, 소녀의 '특별함' 은 노래였다.

Part2#

꿈틀거리다

Where am I?

누구에게나 자신이 걸어가야 할 길이 있다.

나는 어떤 길을 걷고 있는 걸까?

얼만큼 걸어온 거지?

'꼼지락 꼼지락' 무거운 자신의 몸을 꿈틀거린다

허물을 벗고 또 벗고—

딱딱해진 자신의 몸을 느꼈을 때엔

인내가 필요하다.

두 번째 꿈 WRITTER

글이라는 즐거움

초등학교 6학년 겨울, 중학생으로 넘어가는 언덕
그즈음의 나는 '인터넷' 이라는 매체에 빠져 살았다.
그곳에서 우연히 만난 하나의 카페는
내 첫 번째 터닝포인트가 되었다.
책읽기만을 좋아했던 나.
글쓰기는 백일장에서만 하는 줄 알았던 나.
고작 일기만을 써왔던 내가
처음으로 '글쓰기' 의 즐거움에 빠졌던 날들이었다.
고작 '글귀' 더미를 올리는 카페였지만
글쎄, 나에겐 그 '글귀' 들이 첫 시작이었으니깐.
13살의 소녀, 눈을 뜨다.

내가 생각한 문학의 정의

하얀 종이 위로 휘갈겨지는 선과 모형
단순히 그것만을 뛰어넘은 감정체의 결합
대자연과 인생, 모험만이 살아 숨쉬는 곳

나는 그것을 '문학' 이라 일컫는다.

단순히 쓴다의 정의만으로 끝나지 않는
인간만이 느낄 수 있고
인간만이 창조하며
인간만이 그 깊이의 수위를 가늠하는

나는 그것을 '문학' 이라 일컫는다.

오직 자연이라는
그리고 세상이라는
세계의 광범위한 존재 안에서
발굴해 낼 수 있는

나는 그것을 '문학' 이라 일컫는다.

중1 때 내가 썼던 시. 부족함 많은 글이지만, 내 성장의 흔적으로 남았다.

표현하기를 좋아했지만,

'언어'를 도구로 사용해본 적은 없었다.

작은 것에 신경 쓰고, 예민하다고는 생각했지만

그것을 '감수성'이란 단어로 발전시킨 적은 없었다.

하지만.

'글'은 나를 그러한 길로 인도해주었다.

▲ 내가 쓴 글들을 모으기 시작했다.
위의 그림은 내 일기들과 내 글들을 모은 파일집.

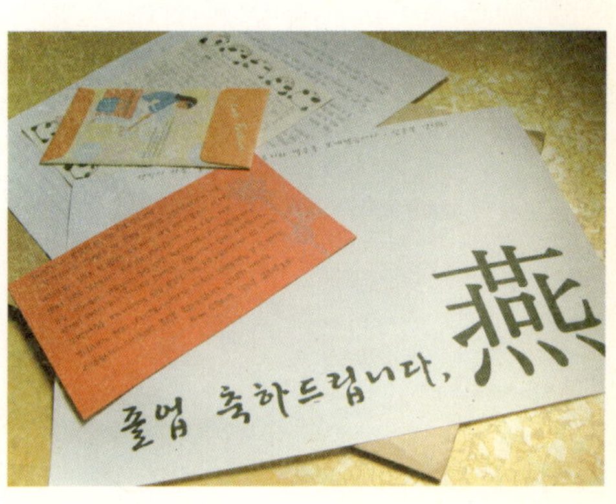

중학교 졸업식, 신문부 후배들에게 받은 편지들 ▲

신문부 활동

중학교 3년이라는 시간동안,

나에게 많은 것을 선물해주었던 신문부.

꾸준히 글을 쓰는 습관을 가르쳐 주었다.

교지작업을 하느라 다른 아이들보다

더 늦게 귀가하고

학교 행사가 있을 때마다 기사를 써야 했지만,

그만큼 뿌듯함도 컸던, 신문부 활동.

꿈을 정한 후 그 꿈에 대해 일말의 의심도 가지지 않았냐고 누군가가 물어온다면 난 아마도 대답을 주저할 것이다. 단순한 '즐거움', '나 자신의 만족'으로 정한 꿈.

어릴 때는 느끼지 못했던 '현실'이 나이가 들어가며, 커져만 갔다.

진정으로 내가 원하는 것일까?

나는 이 꿈을 가질 자격이 있는 것일까?

'생각'이 많은 나에게는,

그 모든 물음들이 자책으로 다가왔다.

내가 가진 이상과의 괴리.

현실의 나는 초라했다.

항상 '최고'라며 우상시했던, 어릴 적의 나는

그 곳에 없었다.

누군가가 말했다. 사람은 성장하며 '보통의 사람'이 되어간다고 '잘한다' 소리만을 들어왔던 아이가 초등학교, 중학교, 고등학교- 어린아이의 탈을 벗어갈수록 점점 더 냉정해지는 현실에 부딪힌다.

'아, 착각이었구나. 나는 원래 이 정도였구나.'

씁쓸한 인정.

그래, 그 때의 나도 그런 인정 속에 위축되어 갔다.

어른도 어린아이도 아닌, 17살의 혼란.

어쩌면, 진짜의 '특별함'을 찾기 위한 준비기.

도시의 밤

외눈의 껌뻑임
자홍빛의 속삭임

그 눈짓 속
나는 서 있다

회색빛의 획일화
검은 밤의 공허함

뱅글뱅글 맴도는
허나 떠남 없는

안일함과 편안함
그 속에 도사린

그것을
그것을

나는 보고야 말았다

자홍빛에 물들린
빛 속에 갇힌 나를

2007/05/02
학교에서 혼자 집으로 가는 길목,
고장난 가로등이 깜빡거린다.
안일함에 물들어,
'고등학교' 라는 곳에 찌들어버린
자신을 발견한다.
그 때의 나는- 현실에 안주한 채,
나와의 대화를 회피하며
도망치고 있었다.

08. 04. 23

'인간은 어쩔 수 없는 동물이야.'

동물과 인간의 차이가 이성과 자아의 절제라고 한다면 지금 그녀는 동물의 상태에 있었다.

패닉.

한동안 잠잠한가 했던 그 놈이 능글한 웃음을 지은 채 꾸역꾸역 머리를 쳐들고 있다.

작은 손으로 그 놈의 머리를 내리누르는,
그녀의 미미한 반항도 소용이 없다.
어쩔 수 없이 그녀는 서서히 그 놈에게 잠식 당하고 있었다.

08. 05. 19

눈꺼풀이 자꾸 내려온다 그녀는 그 죽일 놈의 '영어' 만 하면 이렇듯 꾸벅꾸벅 졸게 된다.

'위대한 콤플렉스'

이광수가 자신의 애정결핍을 역동적인 소의 모습으로 표현한 것처럼, 그녀도 자신의 노력으로 누구보다도 더 멋지게 COMPLEX를 극복하고 싶다.

하지만 말만큼 쉬우면 좀 좋으랴.
자기도 모르게 감기는 눈꺼풀을 어떻게 해야할까?
그녀는 다시 한번 자신을 책망한다.

08. 05. 24

'넌 어떻게 해왔지? 도대체 넌 뭘한거야. 이거 밖에 못해?'

그녀 속의 그녀가 말한다.

'계속 그렇게 빈정되어도 소용없어.
넌 그전에도 그 그전에도 날 채찍질했지.
하지만 그것도 한 순간이었어.
넌 다시 날 내버려둔거야.

뒤를 돌아보는 것도 물론 중요해.
그렇지만 뒤돌아보며 그 자리에 서 있기만 한다면 넌 나아갈 수 없어.
중요한 건 뒤를 돌아본 만큼 가속화하며 앞으로 나가는 거야.
뒤를 돌아본다는 건 내가 앞으로 나아가기 위한 촉진제로 쓰여져야만 해.
그렇지 않으면 넌 계속해서 뒤만 돌아보며
너 자신을 채찍질할거야.

나 자신에게 실망하며, 괴로워질 때도 있다.
하지만,
'변화' 는 그것만으론 절대 일어나지 않는다.
그래, 한 걸음을 내딛는 것.
그것이 중요하단 걸 깨달았다.

날개

고이 접어놓은 새하얀 날개
창공을 가로질러 저 끝으로

언제쯤
이 날개 펴 볼 수 있을까

'아직은 아니야'

눈물 한 방울로 자란다
웃음 한 모금으로 자란다

마음으로 크는 날개이기에
못다 자란 날개이기에

그 언젠가
눈부시게 펼쳐질 날개이기에

나는 또 기다린다

지금의 부족함이 거름이 되길
지금의 괴로움이 뿌리가 되길

이 세상 모다
포근히 감싸는
순백의 날개가 되길

진유정/나비의 날갯짓

어떤 날개를 펼치게 될까?
나는 알 수 없다.
그 모양이 어떻든
한 가지는 분명하다.

'비상' 한다는 것.

Part3#

나비, 날다

나비의 생애에서 볼 때
성충은 고치라는 보호막을 떠난 뒤
최후의 완전한 단계다.
변화는 더디므로 참을성을 요구한다
솜털이 보송한 애벌레에게 그저 날개만 달아놓고
날기를 기대할 수는 없다.
고치를 뚫고 나오려면 참을성과 끈기가 필요하다.
그렇다. 그것은 투쟁이다.
그러나 날개는 장애물을 밀고 나오려고 할 때, 더욱 튼튼하다.
— 수 어거스틴, 「여자가 날개를 달면 장벽은 없다」

나 자신만을 위한 꿈.

내가 즐거우니깐

내가 만족하니깐

사색을 거듭한 후, 나의 답변 NO

나 자신만이 아닌, 남을 위할 수 있는 사람이 되자.

무엇이 중요한 것이고

무엇이 가치있는 것인지를

요즘의 사회는, 구분하지 못하는 것 같아

진유정/나비의 날갯짓

FIRST 입시, 입시, 입시, 입시

맹목적인, 무엇을 위한 것인지 모르는,
목적 없는 노력 따위.

왜? 왜 우린 대학을 가는건데?

우리들의 '꿈' 의 방향을 잡는 교육.
'인성' 을 우선시하는 교육
'성적' 으로만 평가되지 않는 교육

난 그게 필요해.
내 진정한 가치를 찾아 줄 수 있는 교육이 필요해.

내가 수많은 고민과, 혼란에 힘들어할 때,
학교는, 그리고 이 나라의 교육은 내게 뭘 해줬어?
1등, 2등, 3등…
줄을 서고 또 선다.
이 사회는, 언제까지나 우리를 줄 세운다.

무미건조함. 서로가 서로를 경계하고 헐뜯는-
인간과 인간 사이의 '감정' 이 메말라가고 있다.

그래, 난 이 사람들에게
정말로 중요한 것은 무엇일까를 가르쳐 줄 수 있는,
진정한 가치를 건네 줄 수 있는 사람이 되자.

'희망' 이 필요한 아이들에게
'희망' 을 건네 줄 수 있는 **선생님**

마음의 위로가 필요한 이들에게
'따뜻함' 을 건네 줄 수 있는 **작가**

19살, 소녀의 세 번째 꿈

TEACHER & WRITTER

진유정/나비의 날갯짓

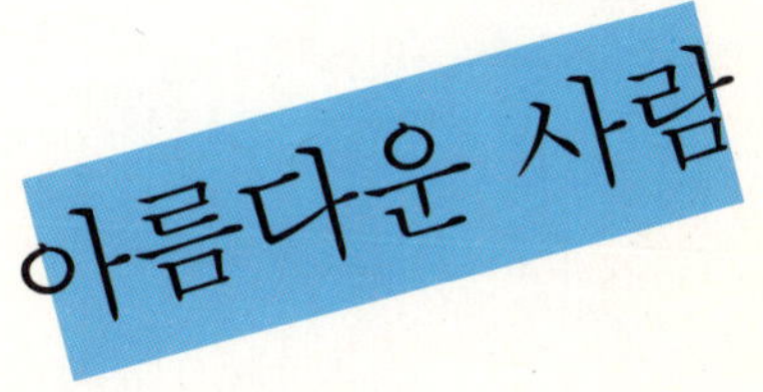

아름다운 사람

외면적 가치가 아닌 내면적 가치로 빛나는 사람
자신이 받은 사랑을 남에게도 나누어 줄 수 있는 사람
이 사회를 위해 힘쓸 줄 알고
사회의 약자들에게도 손을 내밀어 일으켜 줄 수 있는 사람
나 뿐만이 아니라 남의 행복을 진정으로 위할 수 있는 사람

그런 아름다운 사람

내가 원하는 내 날갯짓의 이상점.

5 조민정 | 들어가도 될까요?

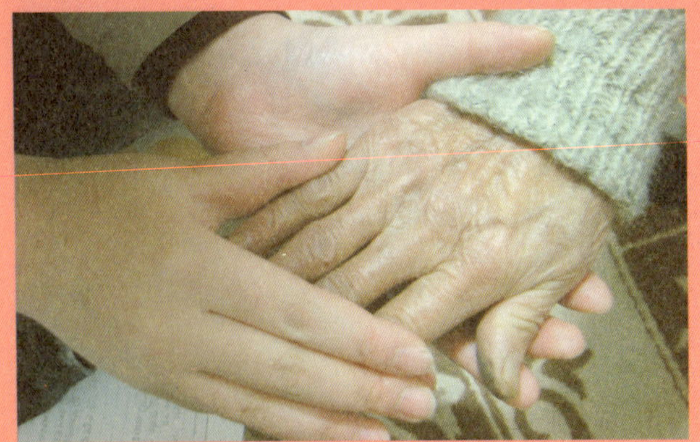

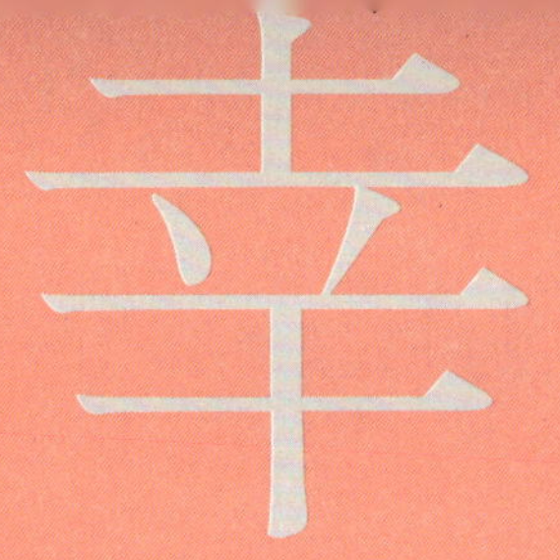

福

이 세상에서 자기가 행복하다 느끼는 사람은
얼마나 있을까?
그리고 행복한 사람은
왜 행복한 것일까?
아마도 가장 행복한 사람은
꿈을 이루며 사는 사람 아닐까?
이번 수업에서 하루하루 입시 속에 묻혀살던 나는
'꿈' 이라는 단어를 접하게 되었다.
그러나 '꿈' 이라는 단어는
내게 너무 어렵고 큰 존재였다.
꿈 없이 무작정 걸어오던 나
꿈을 찾고 싶다. 꿈을 찾고 싶다.
그렇게 나의 꿈찾기는 시작되었다.

첫 번째 이야기

마음의 한 끝자락에서

어릴 때부터 난 무엇이 되고 싶어 했을까?

선생님? 변호사? 공무원?

지금 생각해보니 다른 친구들과 다를바 없는 꿈들이었어.

주위의 환경에서 만들어진. 그냥 그런. 내가 좋아하는 건 무엇인지도 모르면서…

그래 난 요리를 좋아했어. 항상 요리책보면서 만들어 보곤했지.

재료가 없으면 없는 대로, 있으면 있는 대로 그저 기쁘게…

또 난 뭘 좋아했지? 글쓰기? 좋아했었지.

어렸을 때 글쓰기 해서 상주면 좋아서 그저 썼었는데

최근엔 무엇을 좋아했지?

아! 요즘은 재테크에 관심이 많아.

재테크라기에는 너무 거창하고,

용돈 아껴서 적금하는 정도?

이제 만기일이 얼마 안남았어.

……

좋아하는 건 이렇게 많은데,

진정으로 내가 꿈으로 펼쳐 갈 수 있는 것은

어떤 것일까?

과연 내가 그 꿈을 찾아낼 수 있을까?

나는 대한민국 고 3이다.

항상 스스로 불행하다고 생각했다.

대한민국 침묵의 입시 전쟁 속에서 고 3이라는 타이틀을 들고
얼굴도 모르는 상대들과 싸워야만 한다.

누군가는 그 경쟁에서 이겨 웃고, 또 누군가는 패배의 쓴맛을 삼켜야만 한다.
시험 점수 1점에 울고, 1점에 웃는다.
하고 싶은 일이 다르더라도 고 3이라는 좁은 길을
비집고 나서야만 겨우 할 기회가 허락된다.
지친다. 힘들다. 그만 두고 싶다.
불평 · 불만으로 하루를 가득 채우는 나날의 연속이었다.

그러나…
나의 이런 불평을 말도 못 꺼내도록, 아니 생각도 못하게 하는 것이 있었다.
배부른 불평은 그만하라는 듯이.
그리고 그것은 어쩌면 그리 먼 곳에 있는 것도 아니였다.

두 번째 이야기

들어가도 될까요?

2009년 1월 유난히 추웠던 어느 날.

김정희 할머니를 만났다.

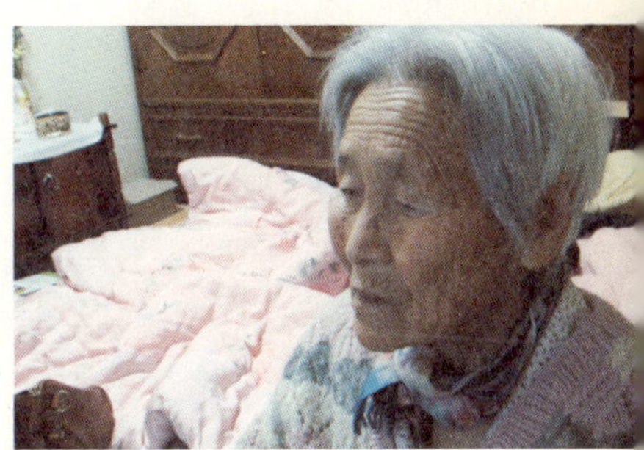

할머니~ 할머니~ 안에 계세요?

누구신교?

안녕하세요. 할머니, 들어가도… 될까요?

아이고마, 들어오이소. 이 추운 데까지 왠일이고.

제가 이제 할머니 손녀 해드릴라구요(웃음).

할머니 식사는 하셨어요?

아직 전이다 아니가.

그러면 우리 점심부터 먹을까요?

할머니 맛 별로 없으셨죠?

아이다. 맛있기만 하드만.

제가 요리를 좋아하긴 하는데 실력이 좋질 않아서요.

시집가도 될 맛이드만.

할머니, 뭐 좀 여쭈어봐도 되요?

먼데카노?

이것 저것요.

노인네한테 뭐가 궁금하노. 물어봐라.

할머니 올해 연세가 어떻게 되세요?

내 올해 아흔 아니가.

아흔이요? 정말 젊어 보이시는데 정말 건강하신 것 같애요.

밥 잘 묵자나(웃음).

할머니 가족분들은요?

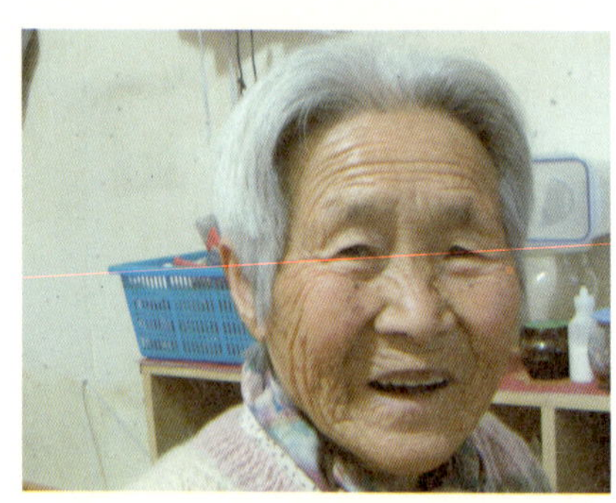

맛이 괜찮다며 계속 웃어주시는 중 ▲

가족? 남편은 내 육십 몇 살 때 가고,

딸 하나 있는데 가도 일흔 넘었다. 저기 수성구쪽에 내 손주놈이랑 산다.

할머니는 왜 따님이랑 안 사세요?

딸도 얹혀 산다 아니가. 내까지 살면 되나.

말하시는 내내 깊은 눈동자에 씁쓸함이 엿보였다. ▲

그래도 안 보고 싶으세요?

머 여기 내 친구들도 몇 명 있고, 보고 싶으면 또 버스 타고 가면 되제. 요즘은 걷기 힘들고 귀찮아서 잘 안가지만.

생활하시는 데 어려움은 없으세요?

매달 저 동사무소에서 25만원씩 안주나. 그걸로 산다.

그걸로 한 달 생활비가 다 되세요?

또 몇 만원씩 몇 개 나오는데 그걸로 산다.

이 집은 월세에요?

아니다. 전세다 전세.

와 할머니 부자시네.

부자는 무슨. 나중에 내 죽으면 장례비용할라꼬 안 쥐고 있나. 요 쪼매한 거라도 쥐고 있어야 나중에 장례하고 하느님 밑에 가서 살지.

할머니 교회 다니세요?

교회 아니고, 성당. 성당 다닌다. 몇 년 됐다.

우와~ 그러면 기도문 같은 거 다 외우시겠네요?

외워 보까?
은총이 가득하신 마리아님, 기뻐하소서!
&#^%$^#@%? 아멘.

▲ 묵주를 들고 기도문을 외우시는 할머니. 꽤 긴 기도문이였는데, 한번의 막힘도 없었다.

세금 많이 나오지 않아요?

머 전기세 한 달에 만 천원 나오고, 기름값은 겨울에 2통 넣는데 그래 돈 든다.

기름 2드럼 밖에 안 넣으세요?

그래 아껴 쓰면 그것만 하면 된다. 추울 때 잠깐 틀고, 안 틀 때는 요기 전기장판 틀고 옷 많이 입고 있으면 되잖아. 닌 옷 얇게 입고 와서 좀 춥제.

아니요, 하나도 안 추워요(사실은 추워요, 할머니 바람이 숭숭 들어오는 것 같은데, 할머니 너무 추우실 것 같애요.). 그건 그렇고 할머니, 몸 불편한 곳은 없으세요?

할머니의 외출친구 유모차 ▲

아픈데? 밥 잘 먹고 해서 아픈 데는 없고 요즘은 다리가 그래 불편하네. 나이가 들어서 그런가. 시큰시큰하고, 잘못 돌아 댕기겠다. 그래서 유모차 끌고 다니는데, 그거 끌고 댕기면 그래도 좀 낫다.

다른 데는 아프신데 없으시고요?

내 눈 잘 봐봐래이. 색깔 좀 틀리제.

네, 그러고 보니깐 약간 다른 것 같애요.

내가 한 20년 전에 갑자기 눈이 안 보이는 기라. 놀래서 병원 갔는데, 의사가 머라머라 카디만 자고 일라니깐 수술했다카데. 그때 돈 20만원 줬는데(당시 우리엄마 봉급이 약 70만원) 돈이 안 아깝드라. 내 눈이 전분데 머가 아깝겠노. 눈 다시 잘 보이니깐 좋더라.

할머니, 소원 같은 거 없으세요?

소원? 늙어서 그런게 다 뭔 소용이고, 그저 오전에 티비 보고, 오후에 친구들이랑 놀고, 마 이렇게 살란다.

그래도 소원 한번 말씀해보세요. 소원 진짜 없으세요?

그런거 있으면 욕심아이가. 욕심

……

◀ 할머니와 한 컷

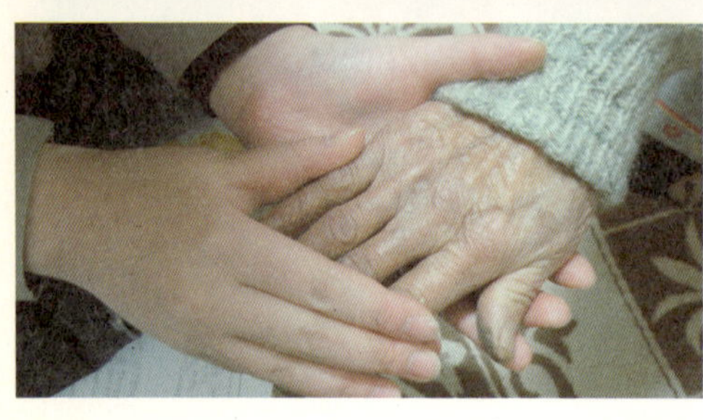
◀ 내 손보다 더 이쁜 우리할머니 손

이제 늦었네. 집에 가야제.

네 할머니, 그럼 쉬세요. 가 볼게요.

… 또 올끼제?

(웃음) 네! 할머니. 감기 조심하세요.

To. 할머니께

할머니, 저 민정이에요. 잘 계시죠?

요즘 날씨가 참 춥죠? 전 겨울을 참 좋아하는데, 할머니 또 기름값 아낀다고 끄고 계실 것 같아서 겨울인게 너무 속상하네요. 기름값도 걱정이시겠지만 따뜻하게 계세요. 내복 꼭 챙겨 입으시고요.

밥은 잘 챙겨드시죠? 귀찮다고 식사 거르시지 마시고요. 밑반찬 한 거 벌써 다 드셨나? 그 때 조금 더 해갈 걸 그랬어요. 반찬 별로 없던 냉장고가 자꾸 생각나네요.

이제 제가 고등학교 3학년이라 시간이 많이 없어요. 그래도 시간 날 때마다 종종 찾아 갈게요. 많이 못가도 이해해 주세요.

할머니 뭐 드시고 싶으신 것 없으세요? 만둣국 드실 때 계속 맛있으시다면서 드셨잖아요. 사실 제가 짜게 먹는 편인데, 그건 제 입맛에도 좀 짰어요. 할머니 물도 안 드시고 계속 드시는 거 보니깐 부끄러워서… 다음에는 더 열심히 요리 연습해서 맛있는 거 해드릴게요. 꼭 같이 노래자랑 보면서 먹어요.

그럼 할머니, 몸 건강히 안녕히 계세요.

From. 민정 올림

세 번째 이야기

I am Dream

어린 소녀가 있었다.

하고 싶은 것도 많고, 꿈도 많은 소녀.

잠시 많은 꿈 때문에 진정으로 원하는 꿈이 무엇인지 방황도 했다.

하지만 이젠 알았다.

아마 그 소녀는 함께 따뜻한 세상을 살 때가

가장 행복한가보다.

힘든 이의 손을 잡아주고

아픈 이의 눈물을 닦아주고 함께하고 싶다.

웃음과 행복을 선물하고 싶다.

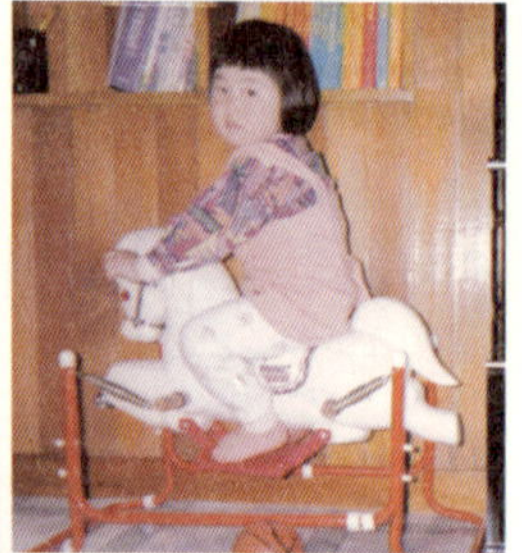

아직 이루기까지 어디로 가야할지,

또 얼마나 걸릴지 모르는

소녀는 꿈이 있어

행복하다.

어떤 힘든 상황 속에서도

헤쳐나갈 수 있는 준비된

꿈을 찾은

소녀는 행복하다.

조민정/들어가도 될까요?

사랑하는 사람이기보다는 진정한 친구이고 싶다.
다정한 친구이기보다는 진실이고 싶다.

내가 너에게 아무런 의미를 줄 수 없다 하더라도
너는 나에게 만남의 의미를 전해주었다.

순간의 지나가는 우연이기보다는 영원한 친구로 남고 싶었다.
언젠가는 헤어져야할 너와 나이지만
아름다운 추억으로 남을 수 있는 친구이고 싶다.

모든 만남이 그러하듯
너와 나의 만남을 영원히 간직하기 위해 진실로 너를 만나고 싶다.

그래, 이제 더 나이기보다는 우리이고 싶었다.
우리는 아름다운 현실을 언제까지 변치 않는 마음으로 접어두자.

비는 싫지만 소나기는 좋고
인간은 싫지만 너만은 좋다.

내가 새라면 너에게 하늘을 주고
내가 꽃이라면 너에게 향기를 주겠지만
나는 인간이기에 너에게 사랑을 준다.

— 이해인 「너에게 띄우는 글」

6 강윤희

우주를 보는 소경

강윤희 포토에세이

우주를 보는 소경

파란 하늘에서 수직으로 햇볕이 내리쬐었다. 여느 때 같았으면 소녀는 인상을 찡그리며 어서 그늘을 찾아 발걸음을 서둘렀을 것인데 소녀의 걸음걸이는 무거웠다. 햇볕이 따갑건, 눈부시건 문제가 되지 않았다. 햇볕으로 생기는 사소한 불쾌함마저 이제 느낄 수 없다는 생각이, 소녀의 눈망울에 맺혀 뿌연 안개가 되었다. 소녀는 눈가의 엷은 물안개로 햇살이 흐려지는 듯 보였으나 여전히 소녀의 머리 위로 무수한 햇살의 화살들이 쏟아졌다.

소녀는 또래 아이들과 달리 유난히 눈부심이 심했었다. 어두운 곳에서 책을 읽어 조금이라도 눈을 피로하게 하는 날이면 형광등조차 바라보기가 어려웠고, 하얀 모래알이 햇빛에 반사되어 반짝거리는 운동장조차 눈부셔했었다. 다른 이보다 약간 눈이 더 잘 부신 거 외에는 별다른 이상이 없었으므로 소녀는 개의치 않았다. 그저 소녀는 이러한 눈부심이 없는 밤을 더 좋아했고 비오는 날을 더 기다렸을 뿐이었다.

어느 날부터인가 소녀의 시야가 흐려지기 시작했다. 또래 친구들 중에는 안경을 쓰는 경우가 많았으므로 소녀는 나이가 들수록 시력이 나빠지는 것을 당연하게 생각했다. 누구에게나 일어나는 자연스러운 현상이라 생각하여 불평따위는 하지 않았다. 오히려 밤거리를 거닐며 신호등 불빛이나 자동차 헤드라이트로부터 뿜어져나오는 몽글몽글한 빛망울을 보길 좋아하였다. 그것은 소녀가 눈이 나빠지기 이전에 보았던 빛들과는 다른 것이었다. 불빛이 가로등으로부터 퍼져나오는 모양새가 모나지 않고 둥그스름하였다. 마치 빨강, 주황, 초록색의 수성사인펜으로 도화지에 점을 찍어 넣고 물에 적셔 잉크가 퍼진 모양새 같았고, 알 수 없는 물체의 세포를 현미경으로 보는 모습 같았다. 빛망울들의 크기는 빛이 퍼져나오는 발광체보다도 컸으므로, 그것만 보아서는 신호등의 불빛인지, 가로등의 불빛인지 분간하기가 어려웠다.

소녀는 시야가 흐려지면서 예전에는 그냥 지나쳤던 불빛에게서 빛망울이라는 새로운 모습을 보았고, 발광체에서 뿜어져나오는 그것의 신비로운 무늬를 관찰하길 좋아했다.

소녀에게 눈부심 이외에 달라진 거라고는 흐려진 시야 때문에 눈을 가늘게 뜨는 버릇이 생긴 것 뿐이었다. 눈에 힘을 주고 가늘게 뜨면 소녀의 눈에 비친 사물들이 조금 또렷이 보이는 것 같았기 때문이다.

소녀가 자신의 눈에 문제가 있다는 것을 알아챈 시기는 아마 이 때일 것이다. 거리는 햇살이 내리쬐어 반짝였다. 자동차 차체에서 반사되는 햇볕은 소녀를 몹시 눈부시게 했다.

'햇살은 따스해서 좋은데 이거 너무 눈부신걸… 어디 그늘이 없을까나.'

하늘은 파랬다. 그러나 소녀의 눈에는 하늘의 절반쯤이 먹구름으로 뒤덮여 까맣게 보였다. 밤과 낮이 함께 있을 수 없듯이 까만 하늘과 파란 하늘은 이성적으로 공존할 수 없었다. 어디에서 왔는지도 모를 먹구름에 가린 파란 하늘 뒤의 햇살이 더욱 더 강렬하게 소녀의 눈동자에 어리었다. 갑자기 생겨난 검은 구름 때문에 그나마 반쯤 보이는 햇살의 강도는 더 세어진 것 같았다. 마치 기나긴 어둠의 터널 속에서 밖으로 향하는 빛 한 줄기를 보는 느낌이었다. 소녀는 눈을 뜰 수가 없었다. 소녀는 그대로 주저 앉아버렸다. 눈을 이리 비비고 저리 비벼보아도 검은 구름은 소녀의 눈에서 가시질 않았다. 덜컥 겁이 났다. 길을 가던 사람들이 웅성웅성거리는 소리와 도로에서 분주히 달리고 있는 자동차들의 소음이 어지러웠다. 소녀는 비로소 자기가 작다는 것을 실감했다. 불어오는 따뜻한 바람마저 소녀를 괴롭히는 것 같았다. 소녀는 너무 작았다.

"우리 아이 눈은 어떻게 되는 거죠?"

"아마 정상적인 시야로 회복되기는 불가능할 겁니다. 이미 많이 진전되어 있는 상태였고… 따님께서 빨리 알아채셨다면 모를까 너무 늦었습니다. 유감이군요. 아마 시야는 전보다 빠른 속도로 좁아질 겁니다."

두 목소리가 아득히 멀어져갔다. 소녀는 직감적으로 여기가 병원이라는 걸 깨달았다. 자신은 꼼짝없이 천장만 바라보고 누워 있었다. 소녀의 눈에 보이는 천장은 역시나 검은 구름으로 반이 가려져 있었다. 소녀의 옆에는 어머니가 두 손으로 소녀의 작은 손을 꼭 잡고 계셨다. 아마 소녀의 시력이 회복될 거라고 기대하신 만큼 실망감도 크실 것이다. 소녀는 눈이 좀 뻑뻑하고 눈동자에 달라붙어, 망막에 어리어있는 검은 천막에 익숙하지 않아, 눈을 부비적거렸고 계속해서 깜박였다.

"검은 구름이 있어요, 눈이 잘 안 보이는 것 같아요."

"응… 그래. 곧 잘 보이게 될거야. 구름은 걷힐 거란다. 먹구름이 끼고 나면 항상 날씨는 맑게 게이는 법이잖니."

소녀는 어머니의 말을 믿었다. 그러나 이것도 잠시였다. 눈동자에 어리는 검은 구름은 걷히기는커녕 더 커지기만 했고 소녀의 눈에 보이는 빛의 양은 점점 줄어들었다.

병원에서 지내는 날이 많아질수록 어머니와 소녀는 지쳐 갔다.

"아무래도 시야를 원래대로 돌리는 건 무리인 거 같아요. 이젠 어머니 얼굴도 제대로 보이지 않는걸요."

"……"

어머니는 소녀에게 아무 말도 할 수 없었다. 어머니는 눈을 지그시 감으며 고개를 떨구었다.

"최대한 병의 진행을 늦추는 것도 이젠 무리라는 것 알아요."

"……"

"이제 그만 병원을 나가요."

초록색 십자가가 그려진 새 하얀 건물에서 소녀가 맥없이 걸어 나왔다. 소녀의 뒤에는 그의 어머니가 힘없이 뒤따랐다. 어머니는 잠시 고민한다. 지붕이 뾰족하지 않고 밋밋한 이 하얀 건물에서, 초록색 십자가를 찾아 소녀의 구원을 애원한들 돌아오는 건 흰 가운을 입은 이의 뒷모습뿐이었고, 더 이상 가망이 없다면 소녀의 거짓된 구세주로부터 진짜 예수를 찾아가야 할지를 망설였다.

모녀의 머리 위엔 따스한 햇살이 비치고, 산뜻한 봄바람이 불었다. 그러나 이를 알고 있는 이는 아무도 없는 듯 했다.

밤이 무르익을 무렵, 강바람은 차가웠고 내 마음은 무겁고 답답했다. 차가운 밤의 기운을 맞으며 40여 분이나 되는 거리를 혼자 터벅터벅 걸어간다는 것은 무섭기보다 외로웠다. 시원한 바람을 맞으면 답답했던 가슴이 뻥 뚫릴 것 같았는데 찬 기운이 온몸 구석구석까지 스며들어 괜히 걸어왔나 싶었다. 그때였다. 가로등 불빛이 강물의 일렁거림에 흐리게 타올랐다. 차가운 겨울밤에도 꺼지지 않는 불꽃이 그려졌고, 나는 망설임 없이 카메라 셔터를 눌렀다.

실루엣

집 근처 놀이터를 산책하다가 아무런 생각 없이 자세를 낮추고 바로 앞에 있는 식물에게 카메라를 들이댔는데 뜻밖의 성과를 거두었다. 투명하게 물든 낯선 거리를 거닐다가 우연히 내가 잘 아는 음악을 들었을 때와 마찬가지로 우연히 카메라 피사체의 또 다른 모습을 발견하는 것은 내게 향기로운 기쁨이었다.

소녀는 소경이 되었다. 이제는 바늘구멍만한 크기로 세상이 보였다. 사물을 제대로 분간할 수 없는 반쪽짜리 세상 이외엔 어둠이 가득했다. 소경의 눈동자는 초점을 잃어갔고, 그나마 보이는 바늘구멍 세상도 눈물에 번져 흐릿한 불빛으로 가득 찼다. 병원을 나온 이후부터 소경은 자신의 방을 떠나지 않았다. 방의 모퉁이에서 몸을 쪼그린 채 고개를 두 다리 사이에 파묻고 있었고, 소경의 어머니는 낡은 성경책을 붙들고 딸아이의 눈을 위해 기도했다.

엄마 아빠 손잡고, 서로 키득거리며 놀이공원에 놀러온 아이들이 이리저리 뛰어다닌다. 오랜만에 학교라는 곳을 벗어나 단체로 온 여고생 무리가 까르륵거리며 앞을 지나간다. 놀이기구에는 즐거운 비명과 함성이 들리고 흥을 돋우는 음악소리가 울린다. 그러나 말이 없는 의자는 시끌벅적한 동적인 공간에서 떨어져 나와 정적인 공간으로의 묵묵함을 지켰다.

소경은 얄궂은 입술을 깨물었다. 입술 언저리가 아려왔다. 바늘로 찌르는 듯 한 통증에도 소경은 아픔을 알아차릴 수 없었다. 시력을 잃어갈 때 이상한 낌새를 빨리 알아채지 못했음을 원망하는 자책의 고통이 너무 깊었기 때문이다.

깨진 유리창 너머로
가을바람에 부대끼며
가냘픈 것이 흔들렸다.
흩어진 유리조각 위로
반쪽짜리 꽃잎이 내려앉았다.
'넌 도대체 무얼 말하고 있는 거니'

그녀의
눈동자는
흔들렸고,
내 목소리가
그녀의 귓가에
닿기 전에,

그녀는 뒤돌아서 가버렸다.
그녀의 카메라엔 얕은 심도의 나의 모습이 남을 것이다.
나는 얼마 남지 않는
한 해를 살고 사라질 것이었으나
그녀에겐
내 모습이
어렴풋하게나마
남
아
있
을
것
이
다.

소경은 바늘구멍으로
보이는 세상을 보려하지 않았다.
이윽고 아무것도 보이지 않는다고 생각하였다.
느낄 수 있으되 느끼지 못했고,
들을 수 있으되 듣지 않았다.

곁

인간 관계는 작용 반작용으로부터 시작된다.
때문에 세상을 살아가는데 에는
어느 정도의 곁이 필요하다.

몽환의 숲

공기가 서로 맞부딪히는 묘한 그 틈새 사이로
일렁였던 순간의 기억과
마른 잎사귀 사이로 조금씩 여며왔던,
손이 따뜻한 사람의 햇볕냄새.

p.s 키네틱 플로우의 「몽환의 숲」을 함께 들으며…

낯설게 느껴지는 모든 익숙했던 것들이, 소경이 처음부터 알고 있던 것들이 아니었다.

강윤희/우주를 보는 소경

light and darkness

빛과 어둠은 서로 너무 많이 닮았다.

그 둘은 서로를 너무 잘 알아서 빛이 있을 곳에 어둠이 있다는 것을 알고, 어둠이 있을 곳에 빛이 있음을 안다.

그러나 서로를 너무 많이 알아 버려서 더 이상 함께 웃지 못한다.

바람이 소경의 뺨을 스쳐 지나간다. 소경은 바람을 잡으려 손을 뻗지만 바람은 소경의 손을 매끄럽게 빠져나온다. 소경은 애써 진실을 쫓아 머릿속으로 바람을 상상하려 노력하지만 그 뿐이다.

안일한 나의 얼굴 위로 실오라기
실바람을 안겨준 그림자.
변화함을 알리고
그 무엇에 도전하게 만들어준 그 것.

고 1 경주 엑스포로 소풍갔을 때
한창 故 백남준씨의 작품전이 열리고 있었다.
작품 제목이 무엇인지 몰랐지만
그의 작품은 괴상하기 보단 아름다웠다.

"저, 비를 맞고 싶어요. 절 밖으로 데려다 주세요."

딸아이가 비를 맞고 감기라도 걸릴까봐 어머니는 걱정되었지만 병원을 나선 이후 처음으로 입을 먼저 연 아이의 부탁을 거절할 수 없었다.

"알았다. 자 내 손을 잡거라."

어머니는 소경의 손을 잡고 천천히 마당으로 걸어 나갔다.

삭제되어버렸다.

어떠한 망설임도 없었겠지

모호한 안개마냥 어중이 떠중이처럼 만들어버린 건

내가 바로 장본인이거니와

말도 안 되게 등 돌린 것이 나이기에

당연한 처사이기도 할 텐데

말 그대로 삭제되어 버렸다

어떤 모호한 의미에서든지

흔적마저 없이

허공에 떠도는 잔상마저 사라졌다.

말도 안 되는 엉터리 같이. 말 그대로, 아니 이젠 사라졌다. 無

無가 되어버린 것이다.

어느 기찻길에 해오름처럼 다시 떠오를 용기조차 없다.

차라리 이것이 잘됐다고 말할 수 있는 것인가.

강윤희/우주를 보는 소경

일렁이는 물결이

퍼져나가듯

심장으로 베어드는

푸른 숨 막힘이 낯설었다

내가 좁은 빨대 구멍 속으로
초점을 맞추고 있을 때였다.
"윤희야, 뭐 하는 거야.
거기 뭐가 있어?"
"응.
내가 잃어버렸던
꿈의 파편."

소리없이 침묵하는
그 아우성을 새겨넣어
은빛 반짝이는
날카로운 선날 끝에
아스라이 걸린
영혼의 물방울

비는 며칠 동안 계속되었고
소경은 창가를 떠나지 않았다.

일렁이는 물결 위에
별 조각이 흩어지더니 이내 가라앉았다.
강바닥으로부터 울리는 심연의 소리를 따라
소소한 눈부심조차 문외한 곳으로 갈 것이다.

강윤희/우주를 보는 소경

다시 한번

'우리' 라는 허상 속에 네 이름을 가두었다.

p.s arco의 「into the blue」라는 음악을 들으며……

천명의 빛이 새겨진
어느 골목 저녁 하늘 위로 어느샌가
절망의 또 다른 이름인 희망이라는 꿈의 파편들이
쏟아져내렸다

나를 깨치도록……

강윤희/우주를 보는 소경

소경의 어머니는 딸아이가 다시 무기력한 슬픔에 빠진 모습을 보고 싶지 않았다. 소경의 손을 잡고 무작정 밖으로 데리고 나와 공원을 향해 걸었다.

소경이 앞이 잘 보이지 않게 된 후로 집을 나와 본 것은 고작 비를 맞으러 나선 것, 한번 뿐이라 짧은 거리에도 소경은 두려웠다.

도로에 제멋대로 나있는 턱에 걸릴 것 같아서 한 걸음 한 걸음이 조심스러웠다. 어머니는 재촉하지 않았다. 곧 공원에 다다랐고 소경을 벤치에 앉혔다.

"빗소리만 네가 느낄 수 있는 전부가 아니란다 얘야. 여기 앉아서 사람 소리도 좀 듣고 햇볕도 쬐려므나."

어머니는 소경의 손을 놓으려 했다. 그러나 소경은 어머니의 손을 더욱 더 꼭 잡았다. 아직 소경에겐 볼 수 없는 바깥세상이 무서운 것이다. 공원까지 걸어올 때만 해도 소경의 바늘구멍만한 시야는 발밑에 돌부리가 없는지를 살피느라 회색의 도로 빛깔로 가득 찼다. 어머니는 소경에게 몇 마디 말을 더 한 뒤 끝내 소경의 손을 놓고 소경이 잘 보이는 벤치에 앉아 딸아이를 지켜보았다. 혼자 남겨진 소경의 몸이 덜덜덜 떨리기 시작했다. 소경은 몸을 움츠리고 고개를 두 다리 사이로 파묻었고, 빗방울을 맞을 때의 감촉을 느끼려 애썼다. 그러나 또로록 떨어지는 빗방울소리는 사방에서 흘러들어오는 소음에 밀려 기억이 나질 않았다. 답답했다. 소경은 바늘구멍 세상을 보기위해 고개를 돌렸다. 눈동자를 굴려보기도 하고 혹시라도 잘 보이지 않을까 해서 눈을 마구 비벼댔다.

소경의 맞은 편 앞에는 모자를 눌러쓴 사람이 소형카메라를 들고 오가는 사람들을 찍고 있었다. 그가 초점 링을 돌리고 가볍게 셔터를 누를 때마다 찰칵하는 경쾌한 소리가 은은히 퍼졌다. 그는 커다란 가방을 매고 있었는데 이따금 그 가방에서 삼각대며, 여러 가지 조명기구들을 꺼내 사진을 찍곤 했다.

그는 주변을 두리번 두리번거리더니 눈을 몹시 비벼대며 힘없이 벤치에 앉아있는 소녀를 발견했다. 다리를 벤치 위로 움츠려앉은 소녀는 눈을 비비며 한 번씩 어깨를 흐느끼듯이 들썩 거렸기 때문에, 그는 소녀가 울고 있다고 생각했다. 소녀가 눈을 비비던 손을 멈추었고 체념한 듯 먼 곳을 바라보자, 그는 이때다싶어 카메라 초점 링을 돌려 소녀의 눈에 초점을 맞추었다. 그런데 무언가가 이상했다. 소녀의 눈에 초점이 없는 것이다. 그는 소녀에게 다가가서 소녀의 얼굴 앞에 손을 흔들어보았다. 반응이 없다.

"여기서 왜 울고 있었니?"

그가 부드러운 목소리로 물었다.

"안 울었어요."

소녀는 낯선 이가 무서워 몸을 움츠렸다.

소녀의 어머니는 멀리서 소녀에게 말을 건네는 그를 주시했다.

"어라, 내가 보기엔 넌 눈물을 몹시 닦고 있던걸."

"아니에요, 전 바늘구멍 크기 밖에 눈이 보이지 않아요. 앞이 잘 안 보여서 눈을 비볐던 것뿐이에요."

그는 소녀가 소경이었기 때문에 눈에 초점이 없다는 것을 알게 되었다.

"눈이 보이지 않는 것 때문에 힘이 없는 거구나."

소녀는 아무런 말없이 고개를 끄덕였다. 소녀는 소리가 나는 최대한 등지려고 몸을 돌렸다. 그는 소녀가 자신을 경계한다는 것을 알고 소녀 옆에 앉았다.

"음… 내 소개를 먼저 할게. 내 이름은 코이야. 이 동네에 인화 실을 차려서, 사진을 찍어주거나 인화를 하는 것이 내 일이야. 겨울이 되면 1년 동안 찍은 사진으로 사진전을 열기도해. 오늘은 공원에 사람들을 찍으러 왔어. 공원은 늘 활기가 넘쳐나지."

"그런 건 상관없어요."

그는 갑자기 일어서더니 어디론가 뛰어갔고 곧 다시 소녀 옆으로 돌아왔다. 그의 손에는 시계며, 향기로운 꽃이며, 부드러운 털장갑 등이 쥐여져 있었다.

"나는 소형카메라를 주로 사용해. 카메라가 크건 작건 문제가 되지 않아. 시야가 넓건 좁건 말이야. 카메라의 화각은 제한되어 있어. 이런 점에서 소경과 비슷하지."

소녀는 코이의 목소리가 들리는 곳으로 몸을 돌려 앉았다. 코이에게서 햇볕냄새가 나는 것 같았다.

"피사체에게 카메라를 들이댈 땐 초점을 맞추기보단 피사체와의 의사소통을 먼저 해야 해. 귀로 듣고 냄새를 맡고 촉각으로 느끼는 거지."

코이는 소녀의 귀에 시계를 갖다 대어 재깍재깍거리는 소리를 들려주고, 향기로운 꽃향기를 맡게하고 부드러운 털장갑을 만지게 했다. 소녀는 빗소리를 듣고 떨어지는 빗방울을 온몸으로 느낄 때와 비슷한 기분이 들었다.

"

그런 다음에 초점을 맞추면,
피사체는 내 카메라 안에서 다시 태어나.
비록 네가 바늘구멍만큼만 보이더라도
그 좁은 시야에서
네가 보고 싶은 것을 보고
세상과 온몸으로 의사소통한다면
넌 우주도 볼 수 있을 거란다.

7 김효진
기억의 편린

기억의
편린

사람은 절대로 안 변한다

잊혀 지지 않는 첫 번째 기억의 편린은 백은하님의 책 『안녕 뉴욕』이다. 9.11의 진동에 나 자신도 아무 이유도, 아무 잘못도 없이 허망하게 죽을 수 있다는 생각이 들어 적금도 깨고, 생명보험도 깬 저자는 훌라당 여행을 떠났다. 내일 죽을지도 모르는 자신을 위해, 오늘을 사는 법을 가르쳐 준 것이다.

단지, 하고 싶은 일을 하는 것이었다. 결과보다 과정을 좋아해서 촬영을 즐긴다는 어느 배우처럼 순간의 고뇌를 실천하며 즐기는 것. 그것이 그녀의 오늘을 사는 방법이었다.

하지만, 무엇보다 공감의 연속을 자아낸 것은 그녀만이 가지는 개인적인 행사였다. 그 많은 지난 일기장들을 쭉 읽어보는 것인데, 그녀는 그럴 때면 3년 전에도, 5년 전에도, 심지어는 초등학생 때도 지금과 비슷하거나 같은 고민을 하고 있었다는 사실에 놀라곤 한다고 언급했다. 세상에 대한 경험이 많아도 여전한 것이다. 사랑은 변해도 사람은 안 변한다는 영화 속 대사에 두 손, 두 발 다 들 수밖에 없다던 그녀. 그 저자의 사고에 감정이 동한다.

의외, 혹은 당연한 이 감상에 동감한다면, 당신은 페이지를 넘겨가며 앞으로의 이야기를 훔쳐보아도 좋다. 지극히 개인적일 수도 있는 진부한 인터뷰이지만.

여기에 수많은 사람 속에 섞여서도 자신의 생각을 할 수 있다는 만 열일곱, 혹은 그 이상의 시간이 있다. 그 시간을 돌이키는 타임머신, 그리고 대답들.

김효진, 그녀에 대한 프리뷰

스스로에게 질문을 건네는 낯선 시간, 컨디션은 어떤가요.

이유는 모르겠지만 피곤해요, 그냥. 요즘은 이상하게 많이 자면 많이 자는대로 피곤하고 적게 자면 적게 자는대로 피곤하더라고요. 적당히 하면 누구나 건강하다고 말하지만 솔직히 그 '적당히'의 기준도 모르겠고. 제가 좀 감정에 의존하는 경향이 있어서 거기에 대한 자각이 부족한 것 같아요.

그런가요. 아, 이제 고 3이라고 들었어요. 긴장되겠네요.

그리 기분 좋은 인사는 아니네요. 요샌 다들 그 이야기니까 좀 식상해요. 기분도 좀 상하고. 어느 정도 스킵하면 편하겠지만, 그렇게 잘 안되더라고요. 이상하게 그런 소리는 너무 잘 들려서 거슬려요. 하하. 사실 그다지 예민하지도 않은데. 괜히 예민하게 굴기에 좋은 시기인 것 같아요, 고 3이 이런 거에도 반응하고.

뭐, 그 나이 땐 다 그런 거 아니겠어요.

그건 그렇죠. 하지만 제게는 또래의 유쾌함, 활기참과는 대조되는 부분이 많기 때문에 문제가 되는 거예요. 물론, 사람들끼리 모이면 저도 웃고, 떠들고, 욕도 하고 다 해요. 그렇지만 사고에 있어서 건강하지 못한 부분이 차지하는 비중이 남들보다 조금 더 크다는 걸 인정하는 거죠. 그 문제에 있어서는 살아온 경험도 조금은 다르지만, 그보다도 생각의 깊이나 관심의 폭에 있어서 차이가 크기 때문이라고 봐요. 뭐, 그렇다고 해서 제가 그렇게 깊고 세밀한 사고 구조를 가진 것은 아니고, 관심의 넓이가 좀 더 와이드한 거죠.

음, 살아온 경험도 조금은 다르다고 언급했는데, 예를 들자면.

환경적인 요인이 가장 크죠. 거기에 순응한 결과물이 있고. 오히려 심하게 대조되는 결과물도 있으니까.

집안의 교육철학이 다른 집과는 조금 달라서 개방적인 부분이 많아요. 경험을 중시하고, 국제적인 감각을 기르길 바라죠. 제가 순응한 요구 중의 하나예요. 이런 교육관 때문에, 지난

고 2 여름방학 때에는 어른들 없이 자유여행으로 홍콩에 다녀왔고. 이번에는 대만에 다녀왔고. 비행기 표와 숙소는 부모님께서 다 알아보고 구해주시구요. 방문할 곳에 대한 사전 조사와 자료는 제가 직접 구해서 스케줄을 짜요. 제가 가고 싶은 곳 위주로, 직접 느끼기 위해. 이렇게 다니면 알게 되는 게 더 많은 것 같아요. 실제 그 나라 사람들의 문화와 삶에도 더 근접하게 다가갈 수 있고.

아, 그거 알아요? 홍콩 사람들은 죽은 사람이 나를 지켜준다고 믿어요. 그래서 시내 번화가에서도 쉽게 공동묘지를 볼 수 있는데, 거기 묻히려면 돈이 많이 든대요. 우리랑 좀 다르죠. 하하.

내게 있어 홍콩의 밤을 한 단어로 요약하는 것은 불가능하다. 그 한 장면을 보기 위해서 시간 맞춰 이리저리 다녔던 기억을 돌이키면 여러 감정이 뒤섞여 흔들리기 때문이다. 홍콩의 밤은 내가 최고의 찬사와 최고의 악평을 동시에 뱉어내게 만들었다.
"내가 고작 이걸 보려고 여기까지 온 거야?" 하는 마음 반, "화려함이 은은한 밤과 만났네." 하는 마음 반.

김효진/기억의 편린

홍콩은 익숙한데 낯설었다

이상한 곳이었다

여행을 할 때 가장 좋은 것은
골목에서 묻어나는 사람들의 숨결을 느낄 수 있다는 것이다.

어떻게 보면 대만 여행에서는 '오기' 가 버티게 했다.
짧은 여행기간 동안 최대한의 것을 느끼고 싶었다.

반면에 순응에 거부한 요구가 있다면, 정치나 사회에 대한 인식이죠. 전 좀 진보적인 성향에 가까워요. 물론, 사회 전체의 입장에서 그렇다는 거죠. 전 제가 중립적 위치에 서고자 노력하는데, 기성세대—특히, 경상도 지역의—시각으로는 좌파에 물든 아무것도 모르는 철없는 애가 되어버리는 거죠. 제 눈에는 아닌데. 하하. —물론, 더 자라서 이 글을 다시 읽는다면 오늘의 내 모습에 비웃음을 보낼 수도 있지만요.— 제대로 모르고 어른들 말에 반항한다고 여겨지는 것이 좀 짜증날 때도 있고. 누가 더 모르고 말하는 가에 대한 고찰조차 하지 않는 것 같아서 더 냉소적인 반응을 보일 때도 있고요.

전 제가 A라는 주장을 하면 A에 대한 근거가 되는 A′, A′′와 같은 근거를 얼마든지 내세울 수 있어요. 제 주장은 이미 수많은 가치평가의 과정을 거치고 나오는 것이기 때문에 굳이 외우려 애써 노력하지 않아도 합당한 근거를 제시하는 것이 당연한 거구요. 하지만 사람들 중에서는 B를 주장하면서 그 근거로 전혀 상관없는 X, Y, Z를 들먹이며 가르치려 하는 사람들이 너무 많아요. 그 것이 잘못되었기 때문에 이러이러한 점에서 잘못되었다고 지적하면 전 또 나이 많은 사람이 하는 말에 순종해야지 예의 없이 뭣하는 짓이냐는 소리나 들어야 하죠. 사고방식이 참 재밌네. 안 그래요?

물론, 그들도 자신들의 사고를 관철시키기 위해서 수많은 평가의 과정을 거쳤다고 말할 수 있어요. 하지만 적어도 그 과정을 거친 결과물이라면 상대의 질문에 동문서답하거나 회피하지 않고, 성실한 대답 정도는 할 수 있어야 한다고 생각해요.

개인적으로 허지웅씨가 쓰신 글들을 좋아해요. 블로그 찾아다니면서 읽었는데. 그 분이 쓰신 글 중에서 「우리는 과연 이길 준비가 되어 있나」라는 글과 「가난한 사람들은 왜 부자를 위해 투표하나」라는 글이 가장 좋아요. 제 좁은 시야와 사고를 확장시킬 수 있었어요. 제가 생각하지 못했던 방향으로 써진 글이 거기에 수긍하게 만드니까.

간략한 내용이 뭐죠

「우리는 과연 이길 준비가 되어 있나」는 글에서는 촛불집회를 다루고 있어요. 저 역시 많이 라고는 할 수 없지만 몰래몰래 꽤 갔었거든요. 잘못에 대해 잘못이라고 말할 수 있어야 한다고 생각했기 때문이었고요. 그런데 그 칼럼을 보면서 제가 인식하지 못했던 점들을 많이 느꼈어요.

글쓴이는 요즘 광장에 '물음표가 없다. 느낌표만 있다.'는 표현을 사용했어요. 이명박 정부를 탄생시킨 데 대한 자기비판이 없다는 거죠. 분명히 그들의 실책이 짜증나는데, 그가 권력을 잡게끔 한 표를 행사하거나 기권했던 자신의 실수에는 왜 변명조차 없는가 하는 문제를 상기시켰죠. 이렇게 되면 우리는 똑같은 역사를 반복할 수밖에 없음을 인식시켜줬고, 서둘러 우리 광장에서 이런 문제들이 논의되어야 한다고 서술해요. 저만 그럴 수도 있는데, 실질적으로 체감하기에는 지금도 솔직히 그 문제에 있어서는 아직 깨우침의 속도가 더딤을 느껴요. 그래서 답답하기도 했고.

「가난한 사람들은 왜 부자를 위해 투표하나」는 더 좋아하는 글이예요. 10년간, 자칭 진보 정권의 시대는 사실 보수와 진보 사이의 경쟁이었다고 하기보다는 개혁 세력의 안티담론이 성공적으로 작용한 것에 가까워서, 나중에 보수진영에서 진보진영의 언어를 빌려 잘 활용할 때에도 진보는 그들의 부조리를 명확하게 비판할 수 없었다는 내용도 언급된 글이에요. 진보에게는 체계적이고 전략적인 연구가 필요하다면서. 사람들이 '진보'를 통해서 '안정'을 느낄 수 있는 것을 목표로 해야지, 안 그러면 한국의 진보진영에는 미래가 없다는 거죠.

갈수록 느끼는 건데. 요즘 보수진영은 국민을 우민화하여 이익을 얻고자하는 것이 너무 티나요. 스포츠와 애국심을 이용하고. 연예인들의 스캔들과 자극적인 사건들에 대해서 점점 더 크고 자세하게 보도하고, —특히 유명인의 자살과 같이 민감한 부분에 있어서 그 방법을 자세히 서술한 기사를 보고는 기겁했어요. 사회적 파급력에 대한 고려가 없었다고 생각해요.— 그렇게 해서 정책에 대한 반발 같은 것을 묻히게끔 기를 쓰는 걸 보면 비겁하고 한심해요. 다들 열심히 공부해서 그 자리 얻으시고는 왜들 그러실까. 그들이 더 가지고자 하는 것이 정당한 방법이라면, 저 뿐만 아닌 다른 국민들도 굳이 막으려하지 않을 거예요. 그들이 노력한 결실이니까. 하지만 현실은 그렇지가 않아서, 다들 이런 저런 고민을 안고 살아가는 거죠.

그럼 대조되는 방향으로 성장한 정치, 사회적 관점에서 가장 관심 있는 이야기도 한 번 해봐요.

아무래도 제가 대구에서 태어나 성장했기 때문에 대구 사회에 대해서 관심이 많아요. 그래서 여러 가지 글들을 많이 읽는데요. 이건 유시민씨의 말씀을 많이 인용해 가면서 전해드릴게요(부끄럽지만, 사실은 대다수의 말이 그 분 말씀이에요. 상당히 인상 깊었고, 그래서 그 내용을 프린트해서 항상 들고 다니면서 읽었어요).

대구의 GRDP가 전국 16개 시, 도에서 꼴찌가 된지가 17년째라고 해요. 하지만 대다수의 사람들이 17년간 꼴찌였다고 생각하지 않아요. 다들 김대중, 노무현이 대통령으로 당선되면서 전라도에 투자하느라고 대구를 버렸다고 트집 잡죠. 실제론 노태우 때부터 쭉 꼴찌였는데. 경상도의 서민들은 자기들이 한 번도 누려본 적이 없던 허구의 기득권에 대한 환상을 지니고 살아간다고 해요. 그 허구의 기득권에 대한 환상이 누구에 의해서 상징 조작되어 왔는가에 대한 고찰조차 없죠. 마치 「하급반 교과서」라는 시를 읽는 것 같은 느낌이 들어요.

아무튼, 왜 이렇게 대구라는 도시가 처지게 되었나, 거기에 대해서 이야기를 해보도록 해요. 대구는 객관적으로 보았을 때 발전 가능성이 없다고 하죠. 섬유 시장은 값싼 노동력의 중국, 동남아쪽에서 빼앗은 지 오래고. 그렇다고 다른 일자리 시장으로 대체된 것도 아니죠. 하지만 딴 거보다 중요한 건 고급 인재들은 대구에 발 담으려 하지 않는다는 거예요. 그게 단순히 서울이 가장 발달했으니까 고급 인재들이 그 곳에만 머물고자 한 게 아니라서 문제인 거고. 쉽게 말해 대구가 그들이 살기에 불편한 도시라는 요인이 크대요.

미래를 이끌 유망 사업에 종사하는 사람들을 위해서는 문화적으로도 풍요롭고 자유로운 인프라가 구축되어있어야 하는데 대구는 거기에 대한 인풋이 부족하다고 해요. 게다가 사회적 분위기에서 '나'가 아닌 다른 것에 대한 배척도가 짙게 묻어나죠.

이걸 예를 들어서 한 번 설명해 볼게요. 실제로 대구 사람들 보면 먹고 살기 힘들다, 우리 지역에 대한 정부나 기업의 투자가 너무 없다고 불평해요. 하지만 생각해봐요. 대구에 새로 들어가는 기업들 중에서는 속속 망하는 곳들이 많아요. 그렇게 대구보고 소비도시, 소비도시 하고, 대구에 들어선 대형마트만 봐도 대구 소유가 아니고, 심지어는 해외지분이 많은 부분을 차지하는 곳도 있는데 말이죠(심지어 지금 대구의 시장이나 영세가게들은 다 앓는 소리 하고 있잖아요).

거기에 대해서 다른 대구분들과 고민해봤는데, 그게 '대구'가 어렵기 때문에 '내 가족'만 잘 살자하는 사람들이 우리 주변에 많기 때문이라는 의견이 나왔어요. 타 지역 출신 기업이나 기업인들이 대구에 들어가면 이리 치이고, 저리 치이는 상황에서 투자하고 싶겠어요? 이런 상황을 두고 한 어른께서 그러시더라고요. 대구가 어려우니까 대구 돈 안 빠져나가게 현명한 행동하는 거야.

결국엔, 다 같은 나란데 자꾸 이렇게 대구만 따로 독립국인 듯이 행동하니까 문제가 되는 거예요. 그래놓고는 감히 경제가 어렵다며 남 탓 돌리니까 당연히 다른 지역에서는 '민폐 도시, 대구' 라면서 인식하고 손가락질하는 거구요.

우리가 정말 발전하고 싶으면 어느 정도의 개방이 필요한 거예요. 자기들만 살겠다고 꼭꼭 잠그고 사는데 누가 억지로 투자해주고 싶겠어요. 차별 적은 다른 지역들이 널렸는데. 나라 안의 돈이 타국으로 빠져나가지 않게끔 막는 것과, 우리나라의 지역과 지역간의 화폐가 원활히 움직이지 않는 것은 좀 다르다는 것을 우리가 자각할 필요가 있다고 생각해요. 아, 덧붙여서 타 지역의 투자를 우리 지역 시민들의 취업률 상승으로 잘 이어지게끔 해서 지역경제의 활기에도 좋은 영향을 줄 수 있게 이용하는 기술도 키우는 게 좋겠죠.

다른 나라도 한 번 살펴볼까요. 앞에도 유시민씨의 말씀이 많은데 여기선 대놓고 인용되네요. 하하. 최근 미국이 옛날 자동차 금속 공업 중심지가 다 망해버렸죠. 그 지역들이 왜 망했는가를 보면 보수성, 집단주의 —즉, 지금 현재 대구가 안고 있는— 그런 문제들 때문이래요. 재능 있는 사람들은 다 자유로운 캘리포니아쪽으로 간다고 하죠. 그런 걸 '게이 지수' 라고 한다고 하는데. 신기하게도 게이 지수와 하이텍 지수는 일치한다고 하죠. 게이들이 정말로 이성애자들보다 재능이 뛰어나다는 게 아니라, 이미 사회 내에서 가장 심한 최종적 차별의 대상이 되는 동성애자를 받아들일 수 있는 지역은 어떤 인간도 다 받아줄 수 있는 개방적인 곳이기 때문이란 거예요. 우리 대구를 보면 재능 있는 사람들은 남과 다르다는 이유만으로 괴짜 취급받고, 마음 놓고 서로 부대끼기에는 불편하단 거죠. 결국엔 그들이 가장 개방적이고 개혁적인 지역으로 떠나는 수밖에 없는 거고.

대구가 발전하기 위해서는 문화적, 사고적 확장이 필요해요. 이 도시의 분위기를 좀 더 혁신적으로 변화시킬 필요가 있어요.

달콤한 나의 도시, 대구 ▲

요즘 대구를 보면서 가장 많이 느끼는 것은 오랜 시간동안 주입되고, 그 내부에서 순환되고 대물림되어 온 무형의 것을 깨고 밖으로 나오는 것이 얼마나 힘든가

하는 거예요. 지역감정도 그렇고. —사실, 전라도가 가지는 지역감정과 경상도가 가지는 지역감정은 엄청 다른데 그걸 똑같이 인식한다는 거에 놀랐어요. 경상도의 지역감정에는 왜곡된 패권의식이 크게 자리잡고 있다는 걸 부정할 수 없거든요. 반면, 전라도 같은 경우는 내 가족에게 총칼을 겨눴던 무리에게 표를 줄 수 없다는 자존심이랄까. 그런 게 심적으로 남아 있는 거고. 이건 근현대사만 공부해도 알 수 있는 건데.— 아무튼. 어찌되었든 간에 저는 대구에서 태어나 대구의 기류 속에서 살아왔기 때문에 누구보다도 이 도시에 대한 애정이 커요. 그래서 걱정과 비판도 많은 거고. 이 도시가 좀 더 발전하기 위해서는 제가 말한 방향 그 이상의 무언가가 많이 필요하겠죠.

사회에 관심이 많네요. 늘 이런 이야기 자주해요?

'네' 라고 단정할 수도 없고 '아니' 라고 할 수도 없어요. 전 함께 있는 사람에 따라서 성격이 좀 달라져요. 상대방의 세계에 따라 제 분위기가 어느 정도는 물드는 것 같아요. 의외로 상대의 세계와 가치관에 맞춰 내 사고가 조절되는 때가 있어서 저 자신이 먼저 놀라기 해요.

A라는 사람 앞의 '저' 와 B라는 사람 앞의 '저' 가 갭이 클 수도 있다는 거죠. 요즘은 별로 신경 안 써요. 좀 더 시원스럽고 호탕했으면 걱정도 적고 기쁘게 살지 않았을까 싶기도 하지만. 그래도 어쨌든 나니까. '나' 라는 이유로 용납될 수 있는 게 생각보다 많은 것 같아요.

▲ 나의 성장의 배경. 나의 도시.

사색하는 라퓨타인

좀 더 일상적인 분위기로 바꿔보죠. 뭐 좋아해요?

질문이 너무 추상적인데 이러면 대답의 범위가 곤란하리만큼 넓어져요.

연예인은 '신화' 좋아해요. 오랜 시간동안 좋아했고, 지금도 이어지는 감정이고, 쉽게 놓을 수 없는 것 같아요. 그들을 좋아하면서 만난 수많은 사람들이 있었고, 그 수많은 사람들과 함께 이런저런 추억을 쌓으며 고민을 나누었고, 그로인해 즐거웠고. 가끔 회상하면 웃음이 나고.

사람들이 그들에 대한 나의 감정이 소모적, 낭비적이라고 단정지을 수 있다는 것에 상처받기도 하고 맘 상할 때도 있었는데. 이젠 괜찮아요. 중요한 것은 남이 나를 어떻게 생각하느냐보다 내가 나를 어떻게 생각하느냐이니까. 나는 제 감정에 있어서 솔직하고 싶어요. 마지못해 싫어하는 것에 대해서 '좋아한다.' 라고 해야 하는 상황이 온다면 그 것을 참을 수는 있겠지만, 굳이 좋아하는 것에 대해서 '싫어한다.' 고 숨기고 싶지는 않아요. 부끄러운 일을 하는 것도 아니고, 부끄러운 사람을 좋아하는 것도 아니고. 적어도 그들은 내 안에서 언제나 반짝반짝 빛나니까요.

글 읽는 것과 영화 보고 음악 듣는 것도 좋아하고. 인터넷도 자주 해요. 관심의 넓이가 와이드하다 했잖아요. 그래서 뭐든 자꾸 찾고, 읽고 해야 안 답답해져요. 주로 즐겨 찾는 카페나 블로그 위주로 웹서핑하는데. 사실 그 외에 다른 해외 사이트들까지 많이 들어가요.

아, 드라마 보는 것도 좋아해요. 한국 드라마랑 미국 드라마 많이 보고요. 일본 드라마나 대만 드라마는 저랑 잘 안 맞는 경우가 많아서 잘 안보는 편이죠. 영화의 경우에는 일본, 대만 것도 가끔 보는데. 드라마는 좀 더 정서가 그 나라 사람의 동시대적—그러니까, 좀 빠르고 트렌디한— 정서와 밀접하니까 그래서 그런 것 같아요. 특히 일본 드라마 같은 경우는 자꾸 드라마가 어떤 교훈을 나에게 주려고 하는 게 너무 의도적으로 보여서 싫더라고요. 사실 미국 드라마, 영화는 아예 대놓고 '미국 만세!' 외치는 결말이 많은 데도 잘 보는 걸 보면 그게 더 신기하네요. 하하.

영화는 어떤 거 좋아해요?

딱히 가리지 않는데 극장에서 볼 땐 배우, 시나리오, 감독 다 고려해요. 집에서 볼 때와는 달리 그 시간은 따로 마련한 거잖아요. 그래서 저 자신에게 좀 더 만족을 줄 수 있는, 즉 값어치를 하는 —혹은, 그 이상의 가치를 지닌— 것을 선택하는 거죠. 딱 봐도 성실하지 않게 만들었다, 이런 걸 왜 만들었는지 모르겠다 싶을 정도로 저질스러운 영화가 개봉했는데 재미마

▲ 영화 '서양골동양과자점 앤티크'

저 없다고 하면 짜증나고 화나잖아요.

요즘 극장에서 본 것 중 좋아하는 건 '서양골동양과자점 앤티크' 란 건데 음. 생각보다 평이 좀 갈리더라고요. 제 주변에는 거의 다 좋다는 쪽이었는데.

사회 내에서 민감한 부분이기도 한 '동성애' 코드가 주인공들 속에 스며있다는 것에 불쾌해하시는 분들도 계시더라고요. 그 분들이 좀 더 개방적으로 '남자와 남자' 라는 시각에서 벗어나 '사랑과 사랑' 으로 보셨다면 좋았을 텐데. 이 영화에서 다루는 게 그것만이 아닌데 그렇게 비춰져서 아쉽기도 했어요. 아, 어쨌든 이건 배우들이 좋아서 본 것이었고요. 스토리도 맘에 들어요. 욕심내지 않고 아기자기하고 예쁜 일상들을 보여주다가도 그 속에 예쁘지만은 않은 이야기도 있죠. '모여살기' 에 대한 소수자의 꿈이라고 어떤 분이 평하셨던데 영화 보셨으면 이 말에 동감할 거라고 생각해요. 편집부분도 꽤 신선했다고 생각하는데, 삭제된 부분들이 많은 영화라고 해서 궁금하기도 해요. 감독판 DVD나 손꼽아 기다려야죠.

보고 싶은 영화들도 있어요. 「우리에게 내일은 없다」라는 영화와 「렛미인」 보고 싶어요. 전자의 경우에는 일단 구해놓았으니 언제 시간 쪼개서 봐야죠. 후자의 경우에는 스웨덴 영화인데 베스트셀러 『Let the right one it』을 각색한 것이고, 실제로 원작자의 40번 거절을 깨고 영화화되었대요. 할리우드에서 리메이크한다고 하자, "할리우드가 이 영화를 망쳐버리기 전에 하루 빨리 이 영화를 보기 바란다."고 모두가 입 모을 정도로 호평받은 영화예요. 다들 1년에 고작 20편의 영화가 생산되는 영화의 불모지 스웨덴이 사고 쳐도 크게 쳤다고 웃으시더라고요. 뱀파이어 영화이자 성장영화, 멜로드라마, 블랙 코미디까지 뒤섞인 장르의 집합이 잘 어우러졌다고 하던데 알고 싶어요. 영화가 무엇을 말하는지를.

이야기가 샜죠? 그러니까 제 영화 취향은 어느 하나의 장르에 국한된다고 하기 보다는 여러 요소가 잘 조화가 되고, 메시지가 확실하거나 이런 저런 생각을 하게 하고 느낌 있는 그런 걸 선호한다는 거예요.

영화 많이 좋아하는 것 같아요.

네. 아, 푸피 아바티란 이탈리아 감독이 있는데 그 감독 영화도 보고 싶어요. 『안녕 뉴욕』이란 책에서 이 사람이 한 말을 읽었는데 인상 깊었어요.

"나 51년 동안 같은 여자랑 살아. 왜! 도대체 왜, 왜, 왜! 왜냐! 난 아직도 이 여자를 모르겠어. 이 여자, 영화도 안 좋아해요. 매일 화만 내요. 여전히 내 마누라. 어떤 여자인지 너무 궁금해서 미치겠어. 그러니까 못 헤어져."

서툴고 짧은 영어로 더듬더듬했다던데 상상이 가요. 그래서 유쾌하기도 하고. 한 번 작품으로 만나보고 싶어요. 제 상상 속 무엇과 다를 수도 있겠지만. 무엇이든간에 의미가 있으리라고 생각해요.

이야기를 해보니 문화적인 것에도 견해가 뚜렷한 편이네요. 평가 기준 같은 전문적인 요소는 잘 모르지만, 자신의 세계관이 명확한가 봐요. 주변인들과 의견 차이가 좀 있겠는데요.

많아요. 처음에는 또 그런 것들에 관해서 이해를 못하고, 반응했는데 이젠 그냥 '아, 그래?' 하고 내버려둬요. '난 좋던데.' 하는 태도인 거죠.

사람들은 같은 것을 보고 들어도 다른 것을 느껴요. 오늘 날 최고의 찬사가 쏟아지는 위대한 작품들도, 사실 그 시대에는 사람들이 헐값에도 안 사려 해서 방황하던 추억을 지닌 것들이 있잖아요. 또, 나를 감동시킨 음악이 타인에게는 '별로인 것', '그저 그런 것'으로 인식되어 무시받기도 하고요. 이런 것들을 하도 겪다보니 나의 견해나 감상이 완전히 이해되는 것이 불가능하다는 말에 수긍이 가더라고요. 그래서 그냥 큰 신경 쓰고 싶지 않다는 거예요. 남의 견해에 중요한 건 내가 어떻게 인식하느냐, 내가 그 작품의 진가를 알아차렸나하는 데 있는 것 같아요.

변화하는 시간. 과거, 현재, 미래

이런 저런 이야기가 다 나오네요. 이제 본격적으로 시간을 돌이켜보죠. 진부한 이야기지만, 꿈이 뭐에요? 그러니까 여기서 의미하는 꿈은 직업적인 부분이요. 아까도 말했지만, 본인 세계관이 명확하니 일관적일 것 같아요.

일관적이지 않아요. 전혀. 저 자신에 대한 인식은 늘 변화해왔고. 그것이 제 목표 의식에도 많은 영향을 주었다고 생각해요. 개인적으로 힘들고, 지치던 시기가 있었고 혼란스럽기도 했는데 이젠 어느 정도 자신을 탐험하는 데 익숙해졌어요.

초등학교 저학년 땐 교사가 되고 싶었어요. 전 그 때까지만 해도 갇힌 환경 속에서 자랐었고, 넓은 직업세계를 인식하지 못했기에 그저 맹목적으로 그것을 따랐다고 생각해요. 고학년이 되고서는 음반 프로듀서와 드라마 작가를 꿈꿨는데, 방송 현장, 문화콘텐츠에 관심이 많아서였어요. 중학교 땐 CEO가 되고 싶었어요. 높은 연봉에 대한 환상도 있었고요. 그 직업이 사회적으로 직위가 높게 판단되니까, 그에 맞는 품위와 의지를 지닌 미래를 그릴 것이라는 희망도 있었어요. 고등학생이 되고서는 PD쪽으로 진로를 생각했고, 이젠 그 방향이 이전보다 더 의미 있고 중요해졌어요. 입시로 인한 학과 결정 때문은 아니고. 연출하고 싶은 프로그램이 있어서예요.—사실 대충의 콘티를 짜뒀어요. 벌써— 게다가 전 말하고자 하는 것이 많기도 하고요.

많은 직업에 추파를 던졌죠? 근데 그 변화하는 커리어들이 다 저의 그 당시 모습을 보여주기 때문에 후회하지 않아요. 제가 꿈꾼 모든 커리어들이 근본적으로 표현하는 직업인 것 같아요. 저 자신이 가진 지식, 재능, 내면, 이런 것들을 융합해서.

더 간략하고 임팩트 있게 전달하고 싶은데, 대답하기 힘들어요. 이렇게 말해도 부족한 것 같아. 요약이 불가능해요. 며칠 내내 붙잡고 말할 수도 있을 것 같다니까요.

그럼 지금은 PD가 꿈이네요. 연출하고 싶은 게 있다고 했는데 어떤 거죠?

드라마, 영화 이런 부류인데. 어쨌든 저 자신뿐만 아니라 배우의 표현과 스태프의 노고도 많이 필요한 거네요. 이미 어느 정도 틀이 구축되어 있어요, 제 머릿속에. 하지만 그 스토리 자체가 영상으로 형상화 되어야 사실감 있는 거라서 괜히 말로 옮기지 못하겠어요. 죄송해요. 하하.

간략히 정리하기 힘든 건가요, 그게.

네. 그 건 제 미래의 단면 속에 등장할 부분이기도 하니까 섣불리 말하고 싶지 않아요. 제가 말을 가볍게 해버리면, 그 일까지도 가벼워질 수 있잖아요. 그 일은 지금보다 더 연륜이 쌓인 뒤에 할 것인데도.

그럼 과거로 한 번 가보죠. 고등학교 시절은 입시 위주의 한국 체제에서 신중해야 하는 시기죠. 그런데도 당신은 전학을 택했어요. 외고에서 일반고로. 자기 작품 드러내기도 섣불리 안하면서. 왜 그런 거죠?

사실, 외고 입학은 순전히 제 의지였어요. 오히려 집에서는 반대했죠. 미래의 폭이 좁아진다고요. 근데 전 가고 싶었어요. 중학교 때 상위 1.9%로 쌓아올린 내신이 아깝기도 했고. 외고라는 이름표가 외부에서 프라이드가 된다는 것도 알고 있었거든요. 실제로 이득이 많았어요. 사소한 일상에서 조차도 아주머니들 사이에서는 교복 보면 아시니까. 식당가도 뭐 좀 더 주시고 그랬죠.

이런저런 행사들도 다니면서 많이 느꼈고, 영어 writing을 가르쳐주셨던 모세 선생님은 아직도 인상 깊어요. 전직이 FBI로 특이하셔서 더 그런가 봐요. 자유스러운 수업방식이 저랑 잘 맞았고. 더 솔직히 회상하면, 그 곳의 영어 선생님들은 다 좋았던 것 같아요. 그 분들의 열정, 수업준비, 쌓아온 외부 업적. 다 훌륭했어요.

그런데 그 곳에서 제 자아가 많이 충돌했어요. 의식과 의식간의 갈등이라 해야 하나. 담임교사분과 마찰도 좀 있었고요. 기숙사 생활로 얻은 스트레스도 있었지만, 그 속에서 지내다보니 외부와 단절되는 것 같았어요. 그 내부에서 허용된 외부를 받아들어야 하잖아요. 제 세계관과 사고의 범위가 줄어드는 것을 참을 수가 없었어요. 저는 현실을 배우고 싶었고요. 갇힌 곳에서 빛 한 줄기 보곤 세상 전부를 본 것처럼 자만하는 것 같아 불안했고.

일반계로 오니까 사실 여기 나름의 문제들이 많아요. 그 곳에서 놓쳐서 아쉬운 부분들도 많고. 근데 후회하지는 않아요. 외고에 입학한 것도, 일반계에 전학 온 것도. 다 제 선택으로 이루어진 것이었거든요. 다가올 입시에서는 불이익이 되겠지만. 제가 1년 살 것도 아니고. 앞으로 살아 갈 날이 얼마나 많은데 크게 중요하지 않아요. 그건 한국 사회의 시각만 떠나도 당연하게 보이는 것이기도 하고요.

사회적으로 어린 나이이지만, 그 불이익 이상의 것을 얻었다고 생각해요. 난 두 가지 모두를 경험했잖아요. 남들이 한 곳에서 한 가지를 인식할 때 전 모두를 경험했고, 그래서 그 차이와 속알맹이를 알고 있어요. 이건 내 미래에 더 큰 도움이 될 것이라 확신해요.

◀ 부산-둘로스호행사

스스로를 키우다

시간이 벌써 이만큼이나 흘렀네요. 오래 살진 않았지만 그래도 지키는 게 있다면.

저 자신에 대한 신뢰와 확신이요. 내가 목표를 갖고 열심히 한다고 해도 주위의 평가가 제 바람과 다를 수 있잖아요. 그럴 때 자신을 놓지 않으려고 노력해요.

당신이 향하는 목표가 무엇이기 때문에?

사실은 제 삶에서는 결승점이 목표가 아니라서. 물론 앞에 말한 직업적 꿈이 존재하지만, 그것이 제 전부는 아니거든요. 제 삶의 목표는 달리는 경로 그 자체예요. 무언가를 얻기 위해 살면, 그것을 얻는 순간 삶은 의미를 잃어버린다는 구절을 어디선가 읽었어요. 그 전까지의 노력이 한 순간과 교환된다는 것이 허망해요. 그래서 열심히 하기 위해서 열심히 하는, 그 경로를 목표로 하고 싶어요. 그러면 항상 매순간 최선을 다할 수 있고, 그 의미는 지속되니까요.

거창하네요. 이제 이야기가 끝나갈 시간이네요. 마지막 요청이 남았어요. 이제까지의 이야기를 모아서 자신의 이미지를 한 단어로 표현해 볼래요.

음, 이 요구는 무리예요. 거절할 게요. 마지막 질문이란 것이 좀 맘에 걸리긴 하지만.

김효진/기억의 편린

사실, 제겐 아직 이미지라는 게 고정되지 않았어요. 그래서 하고 싶은 일에 도전할 수도 있는 거예요. 존재하지 않는 이미지면 관리할 필요도 없으니까.

그녀의 일상

자신을 제3자인 '그녀' 인 양 받아들이고 작업한 시간은 꽤나 길었다. 우습게도 생각의 타래는 태풍의 눈처럼 기억에 박혀있는지라 쉽게 잊혀 지지 않아 입가에도 자연스레 맺혔나 보다.

자신을 맞춰가는 이 기억의 퍼즐 조각. 여전히 완성되지 못했고, 아마 죽는 그 순간에도 마지막 한 조각의 편린은 채워지지 않을 것이다. 그 한 칸은 타인을 위한 여지일 수도 있고, 끝까지 최선을 다하라는 의미일 수도 있다. 그로인해 마지막 그 날까지도 우주를 탐사하는 이름 모를 존재처럼 깊은 '나' 에게 빠져 자의식을 탐사하리라는 것에 대해 의심하지 않겠다. 그 과정은 앞으로 나와 당신의 일상처럼 녹아들 것이다.

8 최승하 | 주근깨소녀, 꿈을 따다

사람은 누구나 꿈을 가지고 있다

저는 지금부터 특별한 한 소녀의 꿈에 대한 이야기를 시작하려고 합니다. 이 소녀는 뚜렷한 목표를 찾지 못해 갈팡질팡하다 마침내 정한 목표가 '파티플래너 되기', 결국은 그 꿈을 이루게 되고 그녀가 자신의 과거를 되돌아보고 미래를 계획하는 이야기이죠.

처음 이 소녀의 꿈은 많이 흔들렸습니다. 외부의 시선이나 내적으로 많은 갈등이 있었기 때문이죠. 하지만 어떤 사람과의 대화를 통해 그 꿈을 꼭 이루고자 했고 결국은 성공했습니다.

이 이야기가 그렇게 특별하지 않을 수도 있습니다. 하지만 이 이야기를 통해 당신의 모습을 찾았으면 좋겠습니다. 누구나 어린 시절 한번쯤은 꼭 이루고 싶었던 꿈이 있었을 것입니다. 지금 당신의 꿈이 많이 흔들릴지라도 그 어린 시절을 다시 회상해 보세요. '그때 내겐 이런 꿈이 있었지' 라면서요.

자, 이제 자신이 진정 바라는 꿈을 이룬 한 소녀의 이야기를 들어보도록 하겠습니다.

사전 정보 •••

파티(party)란?

목적에 따라 생일을 축하하는 모임, 사업확장, 또는 회사 설립 기념축하회, 댄스 파티, 친목 파티 등의 구별이 있으나 형식상으로는 식사를 주로 하는 디너 파티(만찬회), 가벼운 식사를 하는 런치 파티(오찬회), 뷔페 파티, 차와 술을 위주로 하는 칵테일 파티, 댄스를 즐기는 댄스 파티 등으로 나누어진다.

또한 종류에 따라 가정에서 개최되는 것, 호텔 · 레스토랑 등을 이용하는 것으로 구별된다. 파티는 원래 1대 1의 관계를 떠나서 집단으로 즐겁게 사귀는 모임이므로, 사교상의 예절을 체득하고 경험하는 좋은 기회이기 때문에 즐거운 마음으로 초대하고 또 참가하는 것이 바람직하다.

파티 플래너(party planer)란?

파티의 전반적인 기획부터 연출에 이르기까지 총체적인 책임을 맡아 진행하는 직종.

파티매니저라고도 한다. 파티의 기획 · 섭외 · 진행 · 연출에 이르기까지 파티의 총체적인 책임을 맡아 진행하는 전문 직종이다. 직종의 전문화, 웰빙 문화의 유행 등과 함께 새롭게 등장한 전문직으로, 파티의 기획뿐 아니라 테마 선정, 세부적인 프로그래밍, 장식 · 진행 등 파티와 관련된 모든 일을 책임지고 해야 하기 때문에 여러 요소를 갖추어야 한다.

파티플래너가 되기 위해서는 다음과 같은 요건들을 겸비해야 한다. ① 파티의 개념에 대한 정확한 이해, ② 기획서 · 견적서 작성법, ③ 깨끗한 매너와 바른 예절 등 고객 관리 및 응대법, ④ 테이블 장식을 위한 장식 디자인과 구성법, ⑤ 계절 · 행사 특성 등에 따른 다양한 응용 기술, ⑥ 게임 · 댄스 · 레크리에이션 · 이벤트 등의 원만한 진행과 연출 능력 등이다.

그 밖에도 여러 요소가 있지만, 특히 기획과 마케팅 능력, 다양한 사람들과의 원활한 커뮤니케이션 능력을 갖추는 것이 중요하다. 한국에서는 아직 활성화되어 있지 않지만 늘어나고 있는 추세이다. 또 전문 교육기관이 없고, 자격증 제도도 마련되어 있지 않지만 수요가 증가하면서 파티플래너를 전문적으로 양성하는 학원들도 늘어나고 있다.

차례

1장]

18살의 나는…

소녀, 꿈을 꾸다

나의 10년 전 나이. 18살. 한창 놀아야 할 나이이지만 대한민국에서는 그럴 수 없는 나이이다. 주위의 입시에 대한 압박으로 하루도 빠짐없이 책상에 앉아있어야 했다. 나의 꿈에 대한 생각은 잊은 채 말이다.

분명 어린 시절엔 하고 싶은 것도 많았다. 선생님, 의사, 간호사. 심지어 대통령까지 나의 장래희망 목록에 있었다. 그런데 어느 순간 정신을 차리고 거울 속의 나를 봤을 때 꿈도 없이, 목표도 없이 무작정 앞을 향해 달려 나가고만 있는 한 소녀의 모습이 보였다. 안쓰러웠다. 이유도 모른 채 입시의 경쟁 속에서 썩어가고 있는 모습이 불쌍해 보였다. 난 꿈을 잃어버린 것일까?

어느 날 사촌이 내게 말했다.

"네 꿈을 찾고 싶다면 적성검사 한 번 해보는 건 어때? 그게 확실한 대답이 되진 못하겠지만 조금은 도움이 될 거야."

사촌의 권유로 해보긴 했지만 기대는 하지 않았다. 약 40여 분을 검사하고 나서 결과를 보는데 나의 눈에 들어온 단어는 '파티 플래너'. 처음 들어보는 단어였다. 뭔가 화려해 보이기도 하고 멋져 보이기도 했다. 그래서 이 직업을 자세히 찾아보았다. 그런데 보면 볼수록 이 직업이 단순히 화려하기만 한 직업이 아니란 걸 알게 되었다. 겉으로 보기엔 정말 손 하나 까딱 안할 것 같은데 실제로는 완전 3D업종이었다. 여기 저기 뛰어다녀야 되고 모든 파티를 총괄해야 하니 그만큼 힘든 직업은 없어 보였다.

그 직업에 왠지 모를 흥미가 생겼고 틈만 나면 그 직업과 관련된 자료를 찾아보았다. 그러다 내 눈에 들어온 한 사람.

할리우드의 또 다른 스타. 빌리 부치캐비츠. 화려할 뿐 아니라 독창적인 연출로 유명한 세계적인 파티 플래너.

"파티는 쾌락과 미, 새로운 것을 탐닉하는 인간의 본능적인 욕구를 충족시킬 수 있는 종합 예술이죠. 사실 큰 파티를 마치고 다음 파티의 주제를 구상할 때는 혹시 새로운 아이디어가 떠오르지 않으면 어떡하나 불안하기도 합니다. 그런데 본격적으로 파티 준비에 들어가면 머릿속에서 무언가 아우성치는 소리가 들리며 새로운 아이디어가 솟구치죠. 그 덕분에 지금껏 단 한 번도 같은 주제의 파티를 열어본 적이 없습니다."

그가 어떤 질문을 받고 한 답변이다. 마치 타고난 재능과 영감으로 대가의 길을 걷는 예술가처럼 그 역시 파티 플래너로서의 길이 정해진 사람처럼 보였다. 어쩜 이 사람 때문에 이 직업을 나의 첫 번째 목표로 정했을지도 모른다. 워낙 노는 걸 좋아하는 나이긴 했지만 그의 영향이 컸다. 처음 자기의 꿈은 기자였지만 어느덧 유명한 파티 플래너가 되어버린 그. 숨겨진 창의성과 재능을 발휘해서 감탄사를 연발할 멋진 파티를 완성하는 그는 내가 본 파티 플래너들 중에 가장 빛나보였다.

최승하/주근깨소녀, 꿈을 따다

...난

그저

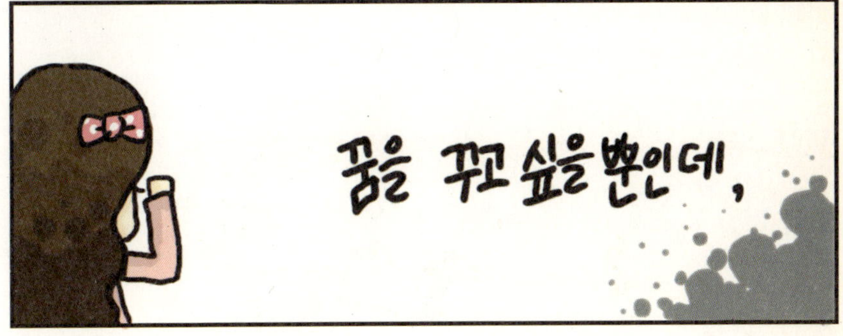
꿈을 꾸고 싶을뿐인데,

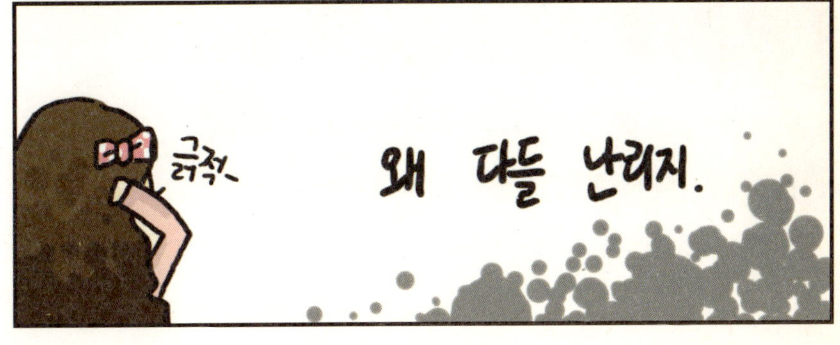
긁적~
왜 다들 난리지.

그래도 난 18살이다

주위의 시선은 상관없었다.

내가 모처럼 만난 기쁨이었으니깐,

모처럼 만난 행복이었으니깐.

그 꿈을 결코 놓칠 수 없었다.

꽃다운 나이 18세. 가슴 속으로 다짐했다.

'파티 플래너가 꼭 되리라…!'

▲ 처음 파티 플래너에 대해 스크랩했던 자료들
이렇게 흥미를 가지고 했던 스크랩은 처음이었어.

2장]

28살의 나는…

소녀, 꿈을 이루다

지금은 2018년. 그토록 꿈꿔오던 파티 플래너가 되었다.

일단 난 대구 사람이었기 때문에 대학 원서를 서울쪽에 냈다. 떨리는 마음으로 합격 통지서를 받았고 그 결과는 합격이었다. 합격이 되자마자 서울에 살았던 친구와 바로 서울로 올라갔다. 그리곤 파티란 파티는 다 돌아다녔다. 클럽파티, 키즈파티, 크리스마스파티, 와인파티, 호텔파티 등 안 다녀 본 데가 없었다. 역시 여러 파티 플래너들의 말처럼 실전에 뛰어드는 게 가장 최상이란 말이 실감이 났다.

수많은 파티를 다니면서 마음에 드는 파티는 틈틈이 메모해두고 사진도 찍어뒀다. 하지만 트랜드는 쉽게 변하는 법. 좀 더 특별한 파티를 찾게 되었고 친구들과 어울려 파티를 주체해 보기도 했다. 그러다 우연히 압구정 클럽 마케팅 담당으로 들어가게 되었고, 여러 파티들을 기획하고 때론 파티를 즐기기도 했다.

하지만 그 길이 순탄치만은 않았다. 각종 케이터링업체, 플라워업체, 이벤트업체, 게스트 및 MC, 스텝 장소대관, 각종 섭외 등 하나부터 열까지 모든 일을 도맡아 하여 여간 힘든 일이 아니었다. 몸이 열 개라도 모자랐고 너무 힘들어 쓰러진 적도 있었다. 한계를 느끼고 때려치울까 했지만 이제껏 쌓아온 공들이 너무 아까워 포기할 수도 없었다.

또 파티란 문화가 우리나라에 잘 정착이 되어 있지 않았기 때문에 파티를 이뤄나가는 과정이 너무나도 힘들었다. 사람들은 파티라고 하면 먼저 선입견을 가지고 접근했다. 파티를 단순히 즐기고 화려하기만 하다고 생각했고 파티 플래너들도 화려한 줄만 알고 있었다. 그래서 너도 나도 파티 플래너에 지원했고 처음엔 파티를 즐기기에 바빴다. 하지만 결국 현실을 깨닫고 많이들 돌아섰다. 그 모습들을 보면서 난 현실에 충실하자라는 생각을 많이 했다. 이 직업이 정말 보기완 다르게 힘들긴하지만 지금 내가 하는 행동들로 인해 파티가 생겨나고 그 파티로 인해 수많은 사람들이 즐거워하지 않는가. 여러 사람들이 파티를 즐기고 기뻐하는 모습만 떠올리면 힘이 나서 다시 내 일에 전념할 수 있었다.

최승하/주근깨소녀, 꿈을 따다

ing…

지금 나는 남에게 기쁨을 선사해주는

파티 플래너다.

12월. 파티회사에 취직 후 정식으로 파티 플래너가 된지 어느덧 11개월이 지났다.. 지금 나는 2018년도를 마무리지을 연말파티를 기획중이다. 분명 모두를 만족시킬 만한 파티를 열 수는 없을 것이다. 하지만 파티에 참석한 대다수의 사람들이 내 파티에 와서 맘껏 즐길 수 있어 행복했다는 말이 나올 수 있도록 최선을 다할 것이다.

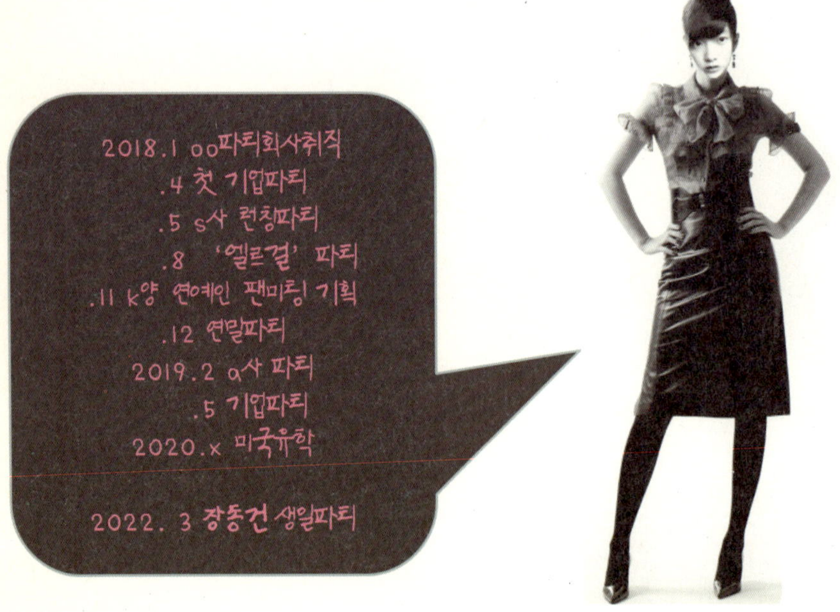

▲ 취직 후 스케줄

3장]

38살의 나는…

소녀의 두 번째 꿈

émotion

에모씨옹, 프랑스어로 감동이란 단어이다. 이 단어는 내가 파티 플래너로서 평생 동안 간직하고 가야 할 단어이다. 화려함에 파묻혀 파티가 한 순간의 즐거움으로만 끝난다면 그것은 진정한 파티가 아니라고 생각한다. 아주 사소하지만 남들을 감동시킬 수 있는 그런 파티. 거창하진 않지만 남들의 기억 속에 깊이 남을 파티. 그런 게 바로 진정한 파티의 의미이고 그런 파티를 만들어나가는 것이 바로 파티 플래너인 내가 해야 할 일이다.

나에겐 파티 플래너가 되는 것 말고 또 다른 꿈이 하나 있다. 2028년도에는 파티문화가 우리나라에 많이 정착이 되어 있을 테지만 나는 좀 더 넓은 곳으로 나가고 싶다.

바로 *Holly wood.*

빌리 부치캐비츠에 맞먹는 세계적인 파티 플래너가 되어 나의 이름을 내건 파티회사를 세우는 것이 나의 두 번째 꿈이다.

최승하/주근깨소녀, 꿈을 따다

<b잡지>
2028. X월호

‘파티플래너 최승하
자신의 이름을 내건
파티회사를 세워
내년 헐리우드로 진출
할 예정..’

9 박찬미 | 오늘의 나

오늘의 나

박찬미

첫장부터 구구절절 - 읽을 것인가 말 것인가?

안녕하세요. 지면을 통해 여러분과 만나게 되어 반갑습니다.

저는 이 책을 통해 다른 친구들처럼 제 이야기를 하고 싶었습니다. 저는 평범해 보이지만 제 자신에게 비범(非凡)한 사람입니다. 저는 늘 새로운 일에 도전하려는 도전정신을 가지고 있고, 제 자신을 10점 만점에 10점으로 생각하는 자신감을 가지고 있습니다. 누군가는 겨우 그 정도로 평범하지 않다고 단정짓기는 이르다고 할지 몰라도 저는 제가 특별하다고 생각합니다. 그러나 스스로 비범하다고 생각하는 저, 그리고 자기 자신에게 특별한 당신도 답을 찾지 못한 것이 있습니다. 그것은 바로 '꿈' 입니다.

제 또래인 중 · 고등학생의 이야기를 해볼까요? 그들은 "어느 대학교에 갈 거니?" 라는 질문 다음으로 "넌 꿈이 뭐니?" 라는 질문을 자주 받습니다. 꿈이 이미 정해진 사람이라면 자신있게 말하겠지만 이 책은 "그… 글쎄요, 으음… (뒤통수를 긁적이며) 아직 안정했어요." 라고 말하는 독자와 "전 CEO가 될 거예요" 라고 말하긴 하지만 어느 분야의 CEO가 되고 싶은지, 즉, 어떤 일을 하고 싶은지 모르는 저에게 질문을 던지고 있습니다. 본문은 일기 형식으로 이루어져 있으며, 내용은 약간의 픽션과 제가 생각하고 느낀 것들입니다. 그러니 독자 여러분의 생각을 확장시켜 나가는데 전혀 구애받으실 필요가 없습니다.

본문에 마지막 물음표를 찍은 후 다음 페이지에 보이는 〈너의 일기〉라는 한 페이지 정도의 빈 공간은 본문의 내용에 대해 독자 나름대로의 생각을 정리할 수 있는 공간입니다. 이 공간을 만든 이유는 제가 이 책을 쓰면서 중요하게 생각했던 것들 중 한 가지인 저와 독자의 '소통' 을 위한 노력의 일환입니다. 저는 모든 사람들이 '꿈' 이라는 키워드에 대해서는 서로 비슷한 생각과 질문들을 가지고 있고, 고민했을 거라고 생각합니다. 그러면 자연스럽게 저와 공감하실 수 있게 되어 이 페이지를 채우는 것도 어렵지 않을 것입니다. 또, 이 책의 중요한 목적이 결론을 내리거나 명령하는 것이 아닌 '생각해보기' 이므로 끝까지 결론을 내리지 않고 있습니다. 혹시라도 제가 이 책을 쓰는 중에 내린 어떠한 개인적인 결론이 있더라도 책 속에서는 전혀 언급하지 않습니다.

저는 비록 어른들만큼의 넓은 시야와 통찰력을 가지고 있지는 않지만, 고등학생이 생각을 구체화하고 그것을 직접적으로 표현한 결과물을 내놓았다는 점에서 나름대로의 의미가 있다고 생각합니다. 여러분도 나름대로 가지신 생각이 있어 이 책을 펴셨을 텐데 "이게 뭐야? 뻔한 거잖아." 보다는 "아, 이렇게 생각하는 사람도 있구나."라는 마인드로 봐주셨으면 좋겠습니다.

자, 그럼 우리 이제부터 이야기를 시작해 볼까요?

왜 꿈을 가져야 할까?

오늘 또 누군가 나에게 "넌 꿈이 뭐니?"라고 물었다. 이 질문은 "넌 어느 대학에 갈거니?" 다음으로 나에게 난처한 질문이다. 보통 꿈이라고 하면 장래 희망을 말하곤 한다. 예를 들면, 선생님, 의사, 변호사 뭐 이런 식으로…. 어른들이 바라는 대답도 특정 직업을 지칭하길 바라겠지. 사실 어른들은 '왜 꿈을 가져야 하는지'에 대해서는 아무도 알려주지 않았다. 그저 '꿈을 가지라'고 요구할 뿐이다. 나 자신도 '왜'라는 의문사에 중점을 두기보다는(나는 '왜'에 너무 집중한 나머지 문제가 '나는 왜 사는 걸까?'라는 본질적인 질문에까지 도달했다) '돈을 많이 벌 수 있는 일'이 무엇인지에만 초점을 맞추고 '이건 돈이 안 되는 일이야, 그럼 저건, 아… 죽어도 하기 싫은데.'라면서 매일 재보기만 했다(물론 꿈이라는 것이 어떤 직업으로 정의한다면 생계 유지와 연결되기 때문에 어느 정도의 수입이 보장된다면 좋겠지만 그렇지 않은 경우도 있을 수 있다).

며칠 전에 내가 보는 것조차 민망할 정도의 성적표를 가지고 집에 갔더니 부모님께서는 더 이상 참지 못하시고 "공부는 그만 두고 네 맘대로 해"라고 하셨다. 나는 '이때다!' 싶어서 부모님께 지금까지 숨겨왔던 내가 하고 싶은 '일'(지금 생각하면 그것마저 진짜 '하고 싶은 일'이었는지 아니면 다른 사람보다 훨씬 뛰어나다고 생각하는 내 재능만 믿고 나섰던건지는 잘 모르겠지만)에 대해 말했다. 그러나 돌아온 것은 다시는 보고 싶지 않은 부모님의 차가운 시선이었다. 그 일을 하기까지 필요한 엄청난 비용에 비해 수입은 안정적이지 않은 일이었기 때문에 어머니께서는 나에게 "그냥 공부해라"라고 하셨다. 나도 참, 한번 혼났다고 쉽게 꼬리를 내린 것은 억울하고 분하지만 나는 어떻게 해야 할지 몰랐다. 그저 다음을 기약할 수밖에. 모처럼 내 재능을 발휘할 수 있는 기회일지도 몰랐는데…. 아직도 미련이 남는다. 왜 꿈을 가져야 할까? 꼭 다른 사람들에게 당당하게 말하고 인정받을 수 있는 꿈이 있어야 하나? 꿈을 가져야 한다면, 그 꿈은 나에게 어떤 의미를 부여하는 것일까? 오늘도 결국 무수한 질문들만 남기고 글을 마친다.

"왜 꿈을 가져야 할까?"

박찬미/오늘의 나

너의 일기—독자 의견 기록란

왜 꿈을 가져야 할까?

Think with illustration and a wise saying.

꿈은 영원한 기쁨이자 부동산 만큼이나 확실한 재산이며,

결코 다 써버릴 수 없는 재산이고 해가 갈수록 활력을 주는 행운이다.

— 로버트 루이스 스티븐슨(Robert Louis Stevenson)

박찬미/오늘의 나

지금까지의 나는 어땠을까?

나, 아무런 생각 없이 살아온지 어언 17년. 그동안 '꿈' 이란 것에 대해 생각해 보기는 했으나 회피하기만 함. 이제, 고등학교 2학년 2학기.

지금 나는 다리가 없으면 건너 갈 수 없는 낭떠러지 앞에 앉아 있다. 발밑은 까마득하다. 근처에는 반대편으로 건너가기 위해 각자 다리를 만들고, 건너는 사람들이 보인다. 나도 그 사람들 뒤에서 그들이 만든 다리를 건너고 싶지만 그럴 수 없다. 누구에게나 각자의 다리가 있고 만드는 방법도 모두 다르다. 결국 자기 자신이 다리를 만들 방법과 의지를 가지고 일어나 다리를 만들지 않으면 모험을 할 수 없다. 다리를 만드는 사람도 보이지만 옆으로 떨어지지 않기 위해 조심조심 건너고 있는 사람들도 보인다. 어? 방금 누군가 다리에서 미끄러졌다. 공기를 꿰뚫는 외마디 비명과 함께 다리와 연결된 밧줄을 한 손으로 잡고 대롱대롱 매달려 있는 사람도 보인다. 하루에도 미끄러지는 사람이 한둘이 아니지만 방금 미끄러진 그는 아직 밧줄을 놓지 않고 다시 다리 위로 올라오려고 안간힘을 쓰고 있다. 몇 주 전 떨어졌던 한 사람은 자신을 자책하며 몇 일을 보내더니 결국 일주일 전, 세상과 연결된 유일한 끈이었던 밧줄을 놓아버리고 아득한 곳으로 사라졌다. 도와주고 싶어도 도와줄 수 없다. 누구도 그 사람의 다리에 닿을 수 없기 때문이다. 여기에는 나처럼 다리를 놓지 못하고 앉아 있기만 하는 사람이 아주 많다.

나처럼 교복을 입고 있는 학생, 학사모를 쓰고 신문의 구인광고란만 유심히 쳐다보는 대학생, ○○그룹 고위 임원이라는 명찰을 목에 걸고 있는 굳은 표정의 50대 아저씨, "에휴, 난 애들 키우느라 시간을 다 허비했어."라며 푸념만 늘어놓는 40대 아줌마와 할머니, 할아버지들까지…. 고개만 돌릴 수 있을 뿐, 나는 여기서 움직일 수 없다. 이유는 내가 다리를 만드는 방법을 모르기 때문이다. 다리를 만드는 방법을 찾기 위해 곰곰이 생각에 빠진 사람도 보인다. 그 사람도 방법을 터득하기 전까지는 그 자리에서 움직일 수 없을 것이다. 언젠가 다리를 건너던 누군가에게 들은 적이 있다. 다리를 만드는 방법을 깨닫는 것과 다리를 만드는 동안은 아주 힘들겠지만, 다리를 건너는 동안에는 아주 자유롭다고 했다. 그러나 그 자유로움을 만끽한다고 자신이 지금 낭떠러지를 건너고 있다는 사실을 자각하지 못하면 쉽게 미끄러져 떨어질 수 있으니 조심하라고 했다. 그 말을 해 준 그는 아직도 웃음이 가득한 얼굴로 열심히, 신중하게 다리를 건너고 있다. 나는 여전히 움직일 수 없다. 건너가든 건너가지 않든 그 어떤 선택에도 책임이 따른다. 자, 위험을 감수하고 자유롭게 나아갈 것인가, 고립된 곳에 그냥 앉아있을 것인가?

바로 어제까지도, 며칠 동안 꿈 속에서 내 머리를 아프게 하던 일들이 적어놓고 보니 어떤 일이었는지 이제는 대충 알 것 같다.

그렇다면, 다리를 만들 방법조차 찾고 있지 않았던 지금까지의 나는 어땠지?

유치원 졸업앨범에는 내 사진과 이름 밑에 '장래희망 : 간호사' 라고 써 있었다. 그러나 지금의 나는 간호사와는 관련이 없는 문과에 왔고, CEO들이 쓴 수많은 자기계발서적을 읽으면서 CEO에 대한 동경이 생기게 되어 막연히 CEO를 꿈꿔왔었다. 지금은 '꿈' 이라는 단어를 들으면 그냥 막막하고 한숨만 나오지만 이전까지는 정말 아무 생각이 없었다. 이제, 천천히 내 자신을 되돌아봐야겠지. 오늘도 나에게 다시 묻는다.

"지금까지의 나는 어땠지?"

지금까지의 나는 어땠을까?

Think with illustration and a wise saying.

나는 이미 충분히 가치 있는 존재다.

스스로 나를 인정하기만 한다면.

— 생텍쥐페리(Antoine Marie Roger De Saint Exupery)

박찬미/오늘의 나

My Idol

2006년의 어느 날 미국 모 방송국에서 인기리에 방영된 「American Idol」이라는 프로그램을 보았다. 내가 본 것은 이미 5번째 시즌에 들어갔을 때였다. 각자 자신들의 꿈, 혹은 막연한 소망, 기대를 이루기 위해 누군가는 다른 주(州)에서 비행기를 타고 오고, 예선을 위해 끝없이 늘어선 줄에 서서 몇 시간씩 기다리는 사람들을 보면서 지금까지 '나는 꿈을 위해 무엇을 해왔나' 하는 회의에 빠졌다. 예선이 끝나고, 상위 24명에서 결승에 이르기까지 쟁쟁한 실력을 가진 사람들이 각자의 바라는 바를 위해 노력하는 모습이 여느 방송에서 볼 수 없었던 모습이라 신선했다. 그렇게 긴 여정이 막바지에 다다른 결승전 무대를 아무 생각 없이 TV만 빤히 쳐다보고만 있던 나에게 다가온 공연이 있었다.

최종 2인 중 한명인 Katharine Mcphee의 My Destiny. 그 공연 전까지 Katharine은 내가 보기엔 그저 빼어난 외모를 빼면 별로 특별한 점이 없는 창법, 개인적인 관심을 가질 여지가 없었다. 그녀의 마지막 무대에서 부른 My Destiny, 그녀가 이 결승 무대에 설 때까지 그 동안의 오랜 공연으로 누적된 피로와 스트레스가 그녀를 방해해왔다. 하지만 노래가 시작되자 정말 행복해보이는 미소와 눈물이 반짝이는 눈으로 노래하는 그녀는 많은 사람들이 기립하게 만들었고 무대를 지켜보던 그녀의 부모는 눈물을 글썽이고 있었다. 나 또한 그녀를 보며 눈에서 흐르는 눈물을 주체할 수 없었다. 그 때 비로소 알게 되었다.

저것이 바로 '꿈을 이룬 사람의 모습' 이라는 것을. 꿈을 이룬 사람은 자신뿐만 아니라 많은 사람에게 감동을 준다.

나도 꿈을 이루게 되면 다른 사람에게 감동을 줄 수 있을까?

단 한 사람에게라도 감동을 주고 싶다. 아주 많이…

좋아하는 일이 직업이 되어야 할까?

처음부터 '꿈'에 대해 생각해 보게 된 계기는 내가 봤던 애니메이션이나 현재 나의 상황 등도 영향을 주었지만 가장 영향력이 컸던 것은 친구 주은이였다. 어느 날 갑자기 미술을 전공하게 되었다니, 물론 주은이는 평소에도 그림 그리는 걸 좋아하고 아주 잘 그렸다. 나는 약간 놀랐다. 그리고 부러웠다. 하고 싶은 일을, 좋아하는 일을 할 수 있게 되었다니. 내 마음에는 공허함이 떠돌고 있었다. 그때 텅 빈 내 마음 속을 맴도는 질문 하나.

"네가 진짜로 원하는 게 뭐야?"

이젠 더 이상 이 말이 TV에 나온다며 웃어넘길 수 만은 없는 때가 되었다.

'난 왜 늘 이건 아니다'라고 생각하면서 현재 상황을 타개할 수 있는 방법을 생각해 보지 않았을까? '그렇지만 하루하루 시간이 가면 더 확실하게 느껴지는 그것'은 '하고싶은 일을 직업으로 하면서 살기는 쉽지 않다'는 것.

나는 기억을 더듬어 지금까지 가장 즐거웠던 순간을 종이에 적어보았다. 비록 2007년 이후에는 크게 즐거웠던 기억이 없었지만 종이 위에서 글자가 된 예전의 그 즐거웠던 순간들이 영화처럼 내 머릿속을 스쳐 지나갔다. 그 때, 나는 그 즐거웠던 순간들에 무언가 공통점이 있다는 것을 발견했다. 그것은 남들이 쉽게 알 수 없는 나의 재능이었다. 지금까지 수많은 자기계발서적에서 보았던 이야기와 아귀가 착착 맞아갔다. 나의 꿈을 찾으려면 '재능'이 나의 키워드인 것 같다. 그런데 여기서 또, 의문이 생겼다.

좋아하는 일은 하고 싶다. 하고 싶으니까 좋아하는 것이고. 그럼 좋아하는 일만 계속 한다면 질리지 않을까?

내가 평소에 좋아하는 일은 지금은 그저 취미이기 때문에 즐겁기는 하지만 불확실한 미래에 대한 불안감에 선뜻 직업으로 하겠다고 나설 수가 없다. 청년실업자가 증가 추세라는 뉴스를 보면 아직은 와닿지 않지만 혹시 내가 그 많은 사람들 중 하나가 될지 몰라 벌써부터 전

전긍긍하고 싶지도 않다. 그렇지만 나 자신이 매진할 수 없는 좋아하지 않는 일은 별로 하고 싶지도 않고… 이상과 현실의 거리는 생각보다 먼 것 같다.

내가 자주 읽는 자기계발에 관한 책에서 늘 보이는 말 중에 하나가 지금 자신이 하고 싶지도 않은 일을 하고 있다면 과감하게 좋아하는 일을 찾아나서라고 (물론 우리나라의 현실과는 어울리지 않는 말 인 것 같다) 하거나, 또는 지금 하고 있는 일에서 기쁨을 찾으라고 말한다. 그래야 행복할 수 있다고. 물론 그 말을 따라 자신이 좋아하는 일을 직업으로 해서 살아가는 사람도 있지만 어떤 사람들은 좋아하는 일은 그저 취미생활로 남겨둬야 오래 할 수 있고 직업으로서의 스트레스도 받지 않을 것이라 한다.

그렇다면, 행복하게 살기 위해서는

'좋아하는 일이 꼭 직업이 되어야 할까?'

너의 일기—독자 의견 기록란

좋아하는 일이 직업이 되어야 할까?

나는 내 안의 내가 원하는 곳으로 걸어갈 것이다. 다른 안내자를 고르는 것은 정말 싫은 일이다.

— 에밀리 브론테(Emily Jane Bronte)

원하고 바라다

나에게는 신기한 공책이 있다. 내가 '원하고 바라는' 것을 이루어 줄 공책이다. 아직 효력을 발휘하지 못하고 종이만 채워나가고 있지만 내일은 변할 거라 오늘과 다를 거라 기대하면서….

이 공책은 2008년 9월 말부터 쓰기 시작했다. 자, 그럼 내가 '원하고 바랬던' 것들을 살펴보자.

■ ○○대학교 ☆과에 합격할 것이다(9/29~12/1)

비록 부모님의 반대로 지금은 좌절할 수 밖에 없지만, 더 나은 환경에서 더 자세히 공부 할 기회가 있을 것이라고 믿는다. 두 달 가까이 쓰다니 이게 정말 내가 '원하고 바랬던' 거라고 믿고 싶지만 아직도 의구심이 여전하다.

■ ◇월 △일 ▽시험을 잘 칠 것이다

이건 누구나 겉으로든, 마음 속으로든 바랬던 것이겠지만 난 이 문장을 45번 정도 쓰고 나서 시험을 봤다. 생각보다 문제도 쉽고 마음도 가벼웠기에 아주 기분이 좋았다. 그러나! 시험이 끝나고 룰루랄라♪하며 시험지를 매기는데, 점수는 나를 쥐구멍에 숨고 싶게 만들 정도로 영 아니었다.

■ Now, this time you'll start to challenge. You are always believe yourself in your mind, and you have to know that you can do better job. This can stand your hard times more easily, so you can reach your goal. I believe you are sincere in every moment.

모 문제집에서 발견한 문구인데 이것은 내가 마음대로 원문과 조금 다르게 영어로 번역한 것이고 원문은 상당히 마음에 와닿는 말이었다. 늘 마음에 새겨두고 싶다.

■ 나는 늘 아름답고 자신에 차 있다. 나는 늘 깨어서 내 꿈을 실현할 기회를 만든다

이건 내가 만든 문장이다. 난 늘 이런 마음으로 살고 싶다. 아직 그 꿈이란 게 뭔지는 모르겠지만 곧 알게 되겠지?

박찬미/오늘의 나

잠시 책을 덮기 위해 책갈피를 끼우면서

(여기까지 읽어주셔서) 감사합니다!

본문에서도 언급했듯이 저는 자기계발서적을 많이 읽었습니다. 중학교 1학년 겨울방학 때 자기계발서적을 처음 접해 쉽게 술술 읽히는 재미에 관련서적을 많이 읽게 되었지요. 하지만 실생활에서 실천해 본 것은 별로 없었고, 그러다보니 학교생활이든, 집에서든 나아지는 모습은 보이지 않았습니다. 그런 상태에서 이 책 저 책 손이 닿는대로 잡아서 읽다가 머릿속은 그 수많은 책들이 담은 방대한 양의 지식(물론 유사한 내용도 많습니다만) 때문에 어느 날 돌아본 제 모습은 그 책들의 지식(작가에겐 살아가면서 터득한 지혜이지만 아직 경험하지 못한 독자에게는 지식에 머무를 수밖에 없다고 생각합니다)을 따라 그대로 살아가려고 아득바득대고 있었습니다. 그 과정에서 갑자기 혼란이 찾아왔습니다. 중학교에 다닐 때만 하더라도 그때는 아무 생각 없이 책을 100% 신뢰해왔지만 책들이 각자가 주장(꿈을 이루기 위한 혹은 행복한 삶을 사는)하는 '바람직한 길'은 과연 저에게도 바람직한 것인지 확신이 서지 않았습니다. 저는 책을 쓰면서 계속 이 혼란 속에 빠져 있었습니다. 그렇지만 어느 작가만의 독창적인 방법이라고 해서 무조건 따르는 것은 아니라고 생각합니다. 앞으로의 저는 또 사색하면서 제 길을 찾아가겠지요. 혼란스러웠던 생각의 흔적들이 글 여기저기에 그대로 남아있어 너무 교과서 같은 책이 되지는 않았는지도 모른다고 생각하니 조금 창피합니다. ^^;; 그래도 '오늘의 나'는 오늘의 제 생각 속에 담아두겠습니다. 이 책은 언젠가 '오늘의 나'가 될 '내일의 나'에게 좋은 기억으로 남을 거예요. ^^

사실 책을 쓰던 초기에는 제가 주제를 정해놓고도 책을 쓰기에는 조금 버거움을 느꼈습니다. 평소에도 계속 질문해왔던 것들이지만 특별히 기록하지 않아서 생각이 잘 안나기도 하고…, 글재주가 부족하다보니 마음처럼 따라주지 않고, 일기의 제목을 정하면서 과연 이게 맞는 질문(가령 '지금까지의 나는 어땠을까?' 에서 갑자기 '좋아하는 일이 직업이 되어야 할까' 로 넘어간 것에 대해)일까 싶기도 하고, 그렇게 제 자신에게 답이 없는 질문을 묻고 또 묻는 과정이 막막했습니다. 물론 번뜩 생각이 나서 10분만에 한 페이지를 쓰던 때도 있었지만, 생각만 하는데 한 달을 보낸 것 같아요. 그렇지만 생각만 하는 것은 아무 소득이 없었습니다. 쓰다보니까 더 깊고 많은 생각을 할 수 있게 된 것 같네요. 사실은 아직도 '꿈' 이 뭔지 잘 모르겠습니다. 그냥 복잡합니다.

마지막으로 제가 이 책에 가장 신경을 쓴 부분은 '독자와 함께 소통할 수 있을까?' 하는 것이었습니다. 일러스트나 여러 부분에서 다른 분들께 도움을 많이 받았는데, 그 과정에서 또 누군가와 이 책으로 소통이 이루어진 것 같아 기쁩니다. 제가 바란 바가 얼마나 달성되었는지는 모르지만 이 책을 읽는 데 쓴 시간이 여러분에게 맹목적인 시간이 아니었기를 바랍니다.

“

한번 본 별이
사라지지 않듯
우리의 꿈은
언젠가 이뤄진다.

— 앤 프록터(Adelaide Anne Procter)

10 최태영 | 사실은 난 살고 싶었어요

사실은 난 살고 싶었어요

~자살 보고서~

글 + 그림
= 최태영

그럼 또 고민이 생기면 오거라.
상담실
네. 감사합니다.
또 오긴 뭘 또 와?
정말이지 최악의 상담이다.
해경아, 물론 네 나이 때는 죽음에 관한 생각이 들 수도 있어.
하지만 세상엔 힘들어도 꿋꿋히 살아가는 사람들이 얼마나 많니?
사지가 없는 장애인이나 밥도 제대로 못 먹는 극빈층…
하지만 저는…
적어도 넌 그 정도는 아니잖니?
내가아는사람중에
마나가난한지
공장에서 돈을 열
동생이 6명이나
쌍해서
내가 원했던 건 교훈이 아니었다구요, 선생님-

김해경. 16세.
남들 보기엔 그럭저럭 행복한 중 3-

하지만 난, 죽고 싶다.

상담선생님은 나를 대할 때 지켜야 할 주의사항을 세 가지나 어겼다.

첫 번째, 다 안다고 생각하지 말 것.
어른들은 겪어서 '알기는' 하겠지만
더 이상 나처럼 '느낄' 수는 없다.

두 번째, 섣불리 교훈을 주려고 하지 말 것.
이해받지 못하는 느낌만 줄 뿐,
사태 해결에 아무 도움이 안 된다.

세 번째, 별 것 아닌 이유로 죽으려고 한다고
비난하지 말 것.
비장애인이고, 중산층이니까
죽고 싶어하면 안 된다고?
그럼 장애인이나 가난한 사람은
자살해도 된다는 건가?
'이렇게만 되면 자살해도 되는 상황'같은 건
세상 어디에도 없다.

바꿔 말하면,
모든 사람에게는
자살하고 싶어 할 권리가 있다!

어쩌면 지금껏
잘 살아왔기
때문에
오히려 더
힘들다고
느낄 수도 있다

다녀
왔어
요

역시
아무도
없군
…

이건
투정이 아니라
당연한 거다!

외로운 소년 소녀들아 모두 추락해서 지구를 박살내자

새 글 쓰기

제목: 자살에 대한 사람들의 오해

자살하는 사람에게는 우리가 이유라고 생각했던 것보다 더 큰 이유가 있을 수도 있고, 어쩌면 자살한 사람 자신조차도 이유를 모를 수도 있다.

그 배후에 한 사람의 인생 전체에 걸친 수십, 수백 가지의 이유가 중첩되어 있을 수도 있다.

그러니까 '겨우 그런 걸로 힘들어하냐' 고 비난하는 건 정말 쓸모없는 짓이다.

중요한 것은 누군가 죽고 싶어 한다는 것이고, 우리는 그 죽음을 막아야 한다는 것이다.

우선 그가 힘들다는 점을, 그럴만도 하다는 점을 인정해 줘야, 그를 설득할 수 있지 않을까?

Re 수면제 : 맞는 말이에요! 해경님 힘내세요!!

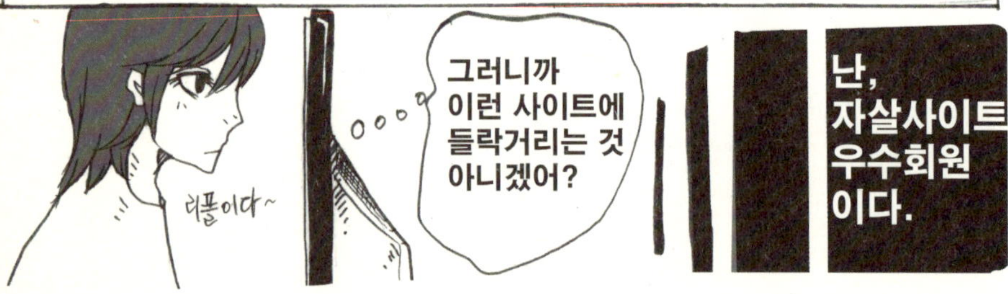

아마도, 글쎄 일반적인 중학생이라면,
자살사이트란 엄청나게 위험하고, 접속만 해도
큰일이 나는 곳이라고 생각할지도 모른다.
하지만 나름대로 다양한 자살사이트를 돌아다닌
내가 말하건대, 그런 곳은 별로 없다.
내 마음대로 분류하자면, 자살사이트는
세가지 종류로 나뉘는 것 같다.

-진성 자살사이트 : 사람들이 생각하는 자살사이트의 이미지에 가장 근접한 곳. 상당히 썰렁한 디자인이거나, 심지어 게시판 하나 달랑 있는 경우가 많지만, 위험도는 굉장히 높고, 실제 독극물 거래도 일어난다. 회원들끼리 유대관계가 전혀 없으며, 동반자살 사건 등이 발생한다. 단순 검색으로는 찾기 어려운 경우가 많으며 얼마 안 가 폐쇄되고 만다.

-세상이 싫은 사람들의 모임 : 포털사이트 카페에 많다. 실제 뭘 어떻게 하기보다는 그냥 비관적인 이야기를 하거나, 끔찍한 사진을 올리는 것이 주된 활동이다. 염세주의자와 비관주의자들의 집회 같은 분위기다. 주로 활동하는 회원들이 몇몇 있는데, 이 사람들의 글을 잘 읽어보면 그들의 파란만장한 인생을 대충 짐작해 볼 수가 있다. 연령대는 다양하지만, 평균적으로 2~30대 정도다.

-우울한 친목회 : '세상이 싫은 사람들 모임' 과 마찬가지로 포털 카페에 많지만, 비교적 밝은 분위기이다. 젊은 층, 그 중에서도 학생이 주축이 되는 경우가 많으며, 깔끔하고, 나름의 규칙도 있다.
이를테면 '자살 이야기를 해도 되지만 권하지도, 말리지도 말 것' '위로만을 바라고 들어오지 말 것' 등이 이런 카페의 불문율이다.
게시판을 살펴보면 의외로 책이나 음악 등과 관련된 이야기가 많아서 처음엔 어떤 사이트인지 알기 어려운 경우도 있다.
하지만 잘 살펴보면 어딘가 어두운 냄새가 풍긴다.
이런 카페 회원들은 남모르게 자해를 하거나 신경증에 시달리는 등, 남들 보기에는 우울한 소년 소녀가 대부분이기 때문이다.

많은 사람들이 이런 사이트가 자살을 부추긴다고 생각한다.
물론 그런 경우도 있는 것이 사실이다. 하지만, 난 이런 곳에서나마 나의 감정을 마음껏 쏟아내고 나면, 힘을 얻을 때도 많다.

그건 누군가 나를 설득하려는 의도 없이
내 이야기를 들어주고 있다는 느낌 때문일 것이다.

어쩌면 자살사이트는

어른들은 나의 모든 아픔을

좀 독특한 쉼터인지도 모른다.

아니 어쩌면, 자살에 대해 말하고, 생각하는 것 자체가
휴식의 한 형태일지도 모른다.

조사에 따르면, 자살하려는 사람과 함께 자살에 대해 이야기할 경우
오히려 자살할 확률이 줄어든다고 한다.

'자살하는 것들은 애초에 살 가치가 없어!'
라고 막말을 하는 사람도 있겠지. 그러나, 한번이라도 죽음에 대해
생각해 보지 않은 사람이 있을까?

대개 자살이란 불만족스러운 상황들(이를테면 주위의 무관심,
애인과의 결별, 사업의 실패, 닥쳐올 끔찍한 미래 같은 것)에서
탈피하기 위한 하나의 비상구다.
그 비상구를 떠올리며 안도감을 느껴 보지 않은 사람이 몇이나 될까?

난 죽고 싶다고 말하면서도 살아있다.
나에게 죽고 싶다는 말을 못 하게 했을 때,
난 진짜로 죽을지도 모른다.

왜냐하면 그런 생각이 나의 비상구이기 때문에—

그래. 난 힘들다. 그 정도로 힘들다.

상담선생님은 사춘기에는 충분히 그럴 수 있다고 말씀하셨다.
사춘기?
그것은 어쩌면 끔찍한 병의 이름인지도 모른다.
그 병에서 나온지 오래 된 어른들은,
그것이 얼마나 괴롭고 아프고 두려운 합병증을 유발하는가를
잊어버리고서는, '사춘기' 따위의 우스운 이름을 붙여 놓은 것이다.

우습다.

우습게 여긴다.

나는 오늘 같은 날에 그런 점을 느낀다.

- 어른들은 정말 나의 아픔을 우스운 것으로 여긴다. -

-이런 상황에까지 예의가 중요한 걸까?-

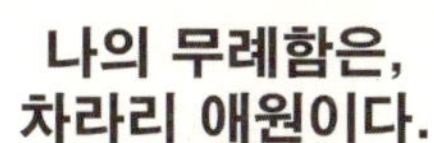

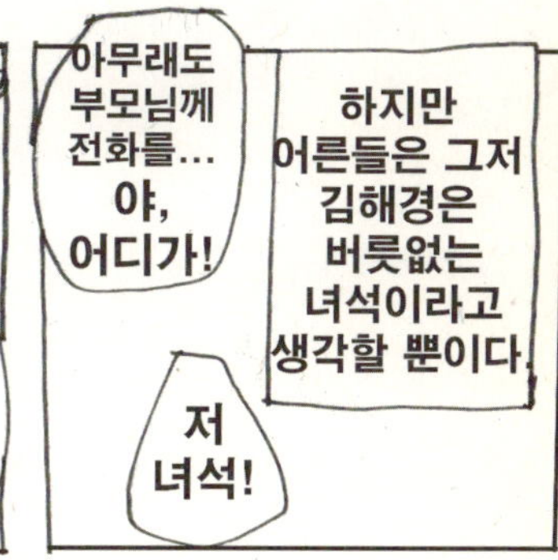

어쩌면 난, 말하기 싫다고 하면서도, 선생님이 내 이야기를 들어주길 바랬던 건지도 모른다.
흑
콕
흐흑
왜저래?
하지만 이젠 끝났다. 내 이야기 따위를 들어 줄 사람은 아무도 없다.
흑
훌쩍
… 아니 , 어쩌면 한 사람쯤은 남아 있을지도 …
청소년전화 1388
정말 이게 뭐하는 짓인지 모르겠네 …
예전같으면 이런 덴 곧 죽어도 전화 안했을 텐데.
114 상담원 같은 사람이 받는 거 아냐?
공중전화는 모두의 것입니다
딸깍
네, 청소년 상담전화 1388 입니다.
여.. 여보세요?
남자 잖아!!
말씀 하세요
그래. 남자든 여자든 그게 무슨 상관이야?
내 말을 들으면 기겁하겠지?
나, 난 … 죽고 싶어요.
…
그럼 죽으세요.
엑?!

내가 아직까지 살아있는 이유가 있다면
그건 아마도 내 이야기를 들어 줄
누군가를 찾기 위해서가 아닐까?

두둥
잘 왔습니다.
뭐, 됐어요.
아깐 뭐 없이 말해서 미안합니다.
여튼, 꽤 가정적인 분위기 네요.
여긴 가출청소년 보호소 이기도 하거든.
물론 저쪽에 사무실도 있지만 지금은 다들 퇴근하셨지.
지금 여긴 멋지게 가출한 애들 7명이랑, 당신이랑, 나 혼자 뿐입니다.
…
…저런 애들을 보면 뭔가 신기해요.
어른들의 훈계처럼 나보다 힘든 사람들이 어떻고
따위를 말하는 건 아니에요. 하지만
난 저렇게까지 삶이 궁지에 몰리면 살 힘이라곤 요만큼도 없을 거에요.
살아 있다는 거요.
그래? 난 한달에 저런 애들을 50명 정도 봐서
잘 모르겠는데. 뭐가 그렇게 신기합니까?

꼭 그런 건 아냐.
사람은 어떻게든 살아가.
happy birth...
만일 네가 자살을 절대 못하는 상황이라면 어쩔래?
그런 게 어디 있어요?
생각해 봐.
어쨌든 살아가긴 하겠죠.
죽는 것보다 더 괴롭겠지만.
그래, 봐. 살려고 하면 다른 방법이 없는 것도 아니잖아.
상황이 나아질 수도 있고.
죽으면 그냥 지금의 나쁜 상황에서 끝이지만, 네가 살아있다면
반드시 어떻게든 변하잖아. 복권에 당첨될지도 모르고.
숨쉬고 있는 한 희망은 있는 거야.
말이야 그렇죠.
현실은 달라요.
정말 한 순간의 충동으로도 자살은 이루어질 수 있어요
아저씨 아까 통화하면서 나한테 죽으라고 했죠?
? 그야, 보통 자살한다고 말하는 사람 치고
실제로 죽는 사람은 드물잖아.
아뇨!!
그건 정말 위험한 오해에요!!

단지 관심을 끌기 위해 자살하겠다고 말하는 청소년은 없다.
(설령 있더라도, 자살을 생각할 정도로 관심을 간절히 바라고 있다면
그 정도의 관심을 준다고 해서 무슨 문제가 되겠는가?)

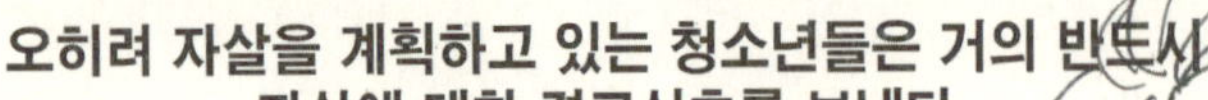

오히려 자살을 계획하고 있는 청소년들은 거의 반드시,
자살에 대한 경고신호를 보낸다.

갑자기 죽음에 대해 언급을 하거나,
우울해 하는 것, 자살에 관한
낙서를 하는 것,
유언장을 쓰는 것,
자기 물건을 남에게 주는 것,
혹은,
'내가 죽으면 슬퍼해 줄래?'
라는 질문 등이다.

피를 토하는 것과 같은
이러한 간절한 신호를
관심을 받기 위한 행동으로 치부하고
비웃거나, 무시해 버리는 것은

청소년들의 자살충동에
불을 지르는 행동이다.

세상의 모든 자살 위협은
존중 받아야 한다.

강박증 : 자신은 그렇게 하고 싶지 않은데도, 자꾸만 특정한 행동을 하지 않으면 불안해져서, 일상 생활에 지장을 가져다주는 신경증.

난 시험 칠 때 한 문제를 50번씩 읽어야만 해요.
혹시 문제를 잘못 읽어서 틀릴까봐요.

학교 가다가 10분 전에 지난 가게의 간판이 뭔지 궁금해지면,
다시 돌아가서 확인해야만 해요. 그러지 않으면 안정이 안 되거든요.

확인해 봤자 아무 소용이 없다는 것 나도 아는데,
그런데 자꾸만 확인하지 않으면 미칠 것 같다고요.

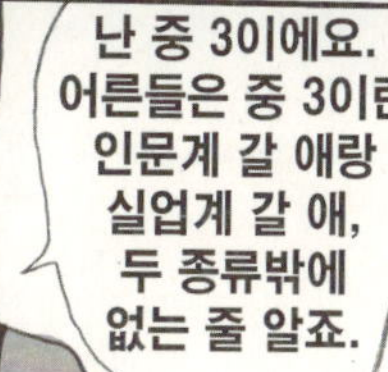

하지만 세상에는 나처럼
아무 데도 안 가고
자살하려는 애도 있어요!

우리나라 청소년 자살률이 OECD 국가 중 1위인거 알아요?

우리나라 10대 여성 사망원인 1위도 자살이에요.

어른들은 꼭 우리같은 애들이 없고,
없어야 하는 것처럼 행동하지만,
우리같은 아이들도 분명히 있어요!
어른들은 그 점을 직시해야 해요!

네가
어른이 되어서,
지금 느낀 걸
잊지 않고
실천하면
돼.
당신이
제일 잘
알 거잖아.
당신이 직접
겪어
왔으니까.
네가
하면
돼.
네?
그러려면
일단
살아있어야
겠지?
하하!
결국엔
그거에요?
뭐,
솔직히
말해서
너처럼 한이 많은
사람들이 많이 살아
있어야 해. 그래야만
세상이 진보하거든.
…
나 참
…

<잠깐 주목!!>

해경이와 상담원 아저씨(...) 와의 에피소드는
작가의 1388 체험담에 바탕을 두고 있습니다.

보건복지부에서 운영하는 청소년전화 1388은
청소년에게 24시간 언제라도 열려 있어요.
(단, 공중전화의 긴급전화 버튼을 누르거나
콜렉트콜 등으로 걸 수는 없음)

이외에도 다음과 같은 전문기관들이 있답니다.

1388-9191 한국 생명의 전화
739-2000 한국청소년상담원
031-214-7942 수원자살예방센터

(직접 방문해서 상담할 때는 기관에 따라 예약이 필요한 경우도 있습니다)

선생님이 연락하시면, 부모님은
가족이 아니라 선생님에게 먼저 이야기했다는 사실에 화를 낼 지도 몰라요.
화를 내지 않더라도 가족들과 저 사이는 어색하고 거북해질 테고요.
그리고 그건 저를 더욱 더 우울하게 만들어요.

해경아. 네가 죽으면 부모님과 친구들은 슬퍼할 거야.

하지만 그건 오래 가지 않아.

자살 기도자의 13% 가
다시 자살을 기도한다.

그러나,
청소년들의 경우
한번 자살의 위기를
극복하면

평생을 건강하게
사는 경우가
대부분이다.

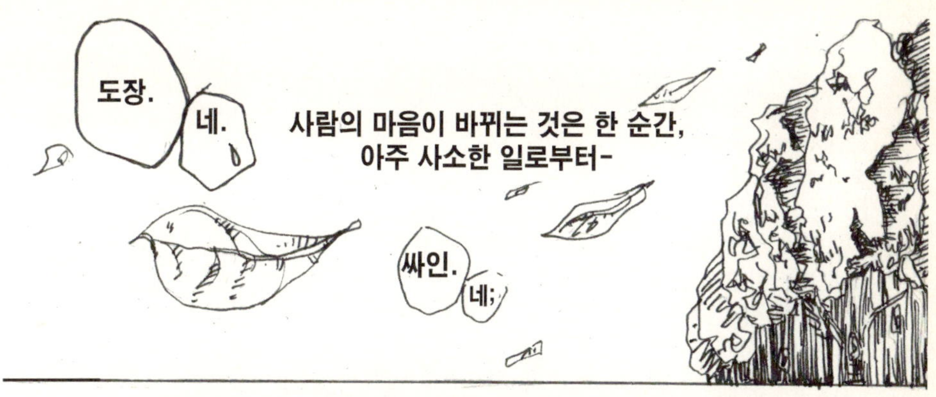

과도한 입시 경쟁 체제가 청소년 자살률을 높인다고 말한다.
하지만 그것은 한쪽 면만을 바라본 이야기는 아닐까?
최소한 난, 아무리 힘든 상황에서도 주위의 관심과 사랑만 있다면
김해경이 다시 자살을 생각하는 일은 없을 거라고 생각한다.

정확히 무엇이 변했는지는 나도 모르겠다.
난 여전히 좀 우울한 녀석이고, 갑자기 긍정적으로 변한 것도 아니다.
그들과의 대화에 그다지 특별한 것도 없었다.
하지만, 한가지 분명한 것이 있다.

내가 자살하기를 바라는 사람은 아무도 없다는 것.
다들 내가 죽지 않기를 바란다는 것.
다만 어떻게 해야 할지 몰라서, 나를 대하는 방법을 몰라서,
나를 화나게 하고 상처입혔을 뿐이라는 것.
하지만 궁극적으로는 할 수만 있다면
나를 행복하게 살게 해 주고 싶어하는 사람들이라는 것.

사실은 나를 상처입히고 있었던 것은 내 자신이 아니었을까?

그 바보들을 내가 조금쯤 이해해 주지 않는다면
그들이 내게 주는 것들을 받을 수는 없다 -

그러니까, 이제 전 이곳을 떠납니다.

안녕히 계세요.

p.s 다음주부터 신경정신과에 가보기로 했어요.

2008년 11월. 김해경이 염세주의 카페에 남긴 글.

사실 김해경 양은 정신병자가 아니고 신경증자입니다. 공식적인 분류는 아니지만, 일상생활과 자기 정체성의 유지가 전혀 불가능한 경우가 정신병이고, 비교적 가벼운 증상을 신경증이라고 구분하기도 하거든요.

하지만 신경정신과에 오는 사람을 정신병자라고 한다면, 정신병자는 단지 자신의 마음을 보다 잘 조절할 필요를 느끼고, 그 방법을 찾는 사람일 뿐이라고 볼 수도 있는데, 아직도 사람들이 편견을 가지고 있는 것 같아 아쉬워요.

특히 우리나라는 과도한 경쟁 위주의 입시 체제로, 신경증을 앓는 청소년의 비율이 엄청나게 높음에도 불구하고, 부모들의 편견 때문에 병원에 오지 못하는 경우도 많아요.

마지못한 주위의 권유로 억지로 자녀를 데리고 와서, “제 딸은 정신병자가 아니죠?!” 라고 물어보시는 분도 계셨는데, 뭐라고 말씀드려야 할지 할 말이 없었죠.

정신과 진료 기록이 남아도 진학, 취업에는 아무런 지장이 없을 뿐더러, 오히려 일상생활과, 학업을 해 나가는 데 도움이 된다는 걸 좀 알아주세요!

저,
선생님,
사실
저는요.
어렸을
때부터
심리학자가
되고
싶었어요.
-특히 임상심리학자가요.
하지만 저부터가
이렇게 힘들어 해서야
환자들을 만나는
임상심리가는
될 수 없겠죠?-
탕
천만의
말씀!!
휘익!
불치병도
아니고,
적절한 상담과
약물치료만
몇주 해도
좋아져요.
게다가
인간이
못 하는 게
세상에 어디
있습니까?
오히려 이렇게 어릴 때부터
사람의 마음에 대해
깊이 사색하는 과정에서,
심리학의 기본인
인간에 대한 사랑이
우러나오는 것 아니겠어요?
네? 근거 있냐고요?
…근거는 없지만, 그냥
그렇게 믿고 싶네요.
제가 그랬거든요.
원장 최태영
저,
아저씨.
응?
나,
자살
전문가
할까요?
이젠 아예
자살을
전문적으로
하겠다고?
당신 정말
…
아니,
그런 게
아니라요!!
농담
이었어.
…

요즘
아이들이
구세대보다 더
쉽게 자살을
생각하는 건
사실이에요.
그게
의지가 약한
탓인지, 어떤지는
생각해 봐야
알겠지만,
바꿔 말하면
이제 자살이란
금기가 아니라
우리 생활의
한 부분이
된 거에요.
이젠,
'자살 하지 말라'
는 단순한 말보다
훨씬 더 현실적이고,
구체적인 대안을
제시하는 사람이
필요한
때에요.
내가
그 사람이
되겠어요.
나만큼 자살에 대해
많이 생각해 본
녀석도
드물 테니까.
...
좋았어.
세상을
바꿔
보자.

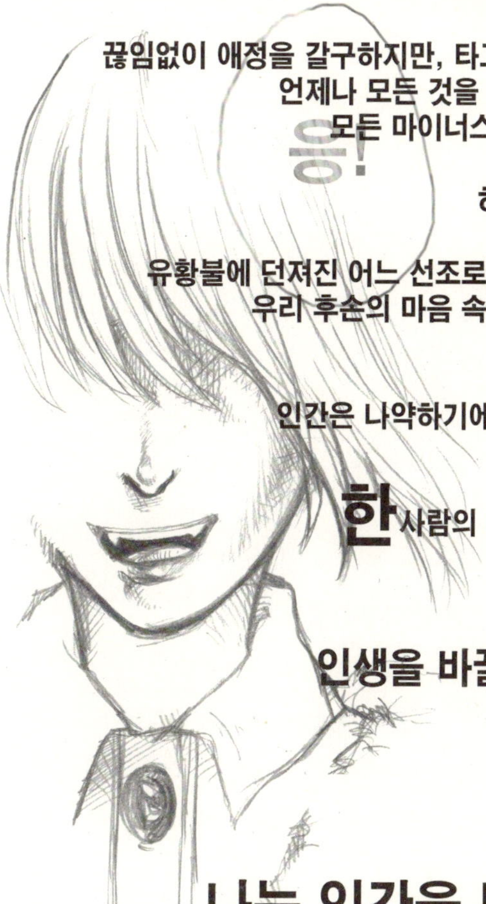

나는 인간의 괴로움을 사랑한다.

끊임없이 애정을 갈구하지만, 타고난 경솔함과 지성의 부족으로
언제나 모든 것을 그르치고 마는 어리석은 인간의
모든 마이너스 감정을 있는 그대로 사랑한다.

하지만 한편으로 나는 꿈꾼다.

유황불에 던져진 어느 선조로부터 대물림되는 학대의 종말을
우리 후손의 마음 속에 수치심과 죄책감을 심어주는
모든 폭력과 조소의 종말을

인간은 나약하기에 끝없는 가능성을 지니고 있다.

우리가
한 사람의 마음이라도 변화시킬 수 있다면
수백만
명의
인생을 바꿀 수 있을 지도 모른다.

나는 인간을 변화시키고 싶다.

나는 그 날을 꿈꾼다.

-fin-

부록 작가와의 대담

◀ 작가 최태영

1992. 1. 15. AB형

'만화, 문학, 사상계(?) 등 여러 진로를 생각해 봤지만, 살기 위해 죽고자 하는 사람의 모순된 마음에 가장 이끌려요.'

Q. 우선, 작업이 끝난 지금의 감회를 말씀해 주세요.

A. 네. 수능이 273일 남은 이 시점에 드디어 최종 원고를 완성했는데, 무엇보다 이제 밤에 잠을 잘 수 있어서 기쁩니다(아니, 안 자고 공부해야 하나?).

Q. 만화를 읽으신 분들에게 하고 싶은 말이 있다면?

A. 짐작하셨겠지만, 자살이란 주제를 택한 것은 저 역시 근접한 경험이 있기 때문입니다. 그래서 제 자신의 이야기에 비중을 두어야 할지, 그렇지 않으면 자살이란 주제를 쉽게 이해할 수 있도록 일반적인 이야기를 해야 할 지 많이 고민했는데, 결국은 해경이란 소녀의 이야기를 통해서 두 가지를 다 만족시키려고 애를 썼습니다. 하지만 결국 이 문제에 '일반적' 이거나 '대표적' 인 사례는 없다고 생각하기 때문에, 그저 하나의 이야기로만 읽어주셨으면 합니다. 자살충동이란, 내가 이러저러하게 극복(?)했다고 해서 남도 똑같이 할 수 있다거나, 해야 한다거나 하는 것이 절대 아니니까요.

사실, 만화에 나타난 제 의견에 동의하지 않는 분도 많으실 겁니다. 언젠가는 그런 분들과 많은 생각을 나누고 싶지만, 지금은 그냥 만화처럼 가볍게 읽고 던져버리셔도 좋아요. 저는 이 만화에 공감해주시는 분이 한 분만 있어도 기쁠 겁니다.

Q. 자살을 하면 절대 안된다고 생각합니까?

A. 사실, 아닙니다. 옳고 그름이나 도덕관이 개입할 수 없는 문제라고 생각합니다. 동성애처

럼요. 하지만 자살이, 궁극적으로 행복하게 살고 싶다는 의지의 표명인 경우라면 그 결과가 행위자의 의도에 반하기 때문에 막아야 한다고 생각합니다. 여기서 '의지' 라든가, '의도' 라든가 하는 개념은 너무 애매해서 할 말이 아주 많지만, 지면관계상 생략합니다. 그리고 자살에도 여러 가지 유형이 있어서… 악! 저 나중에 시간나면 되게 길게 이야기하고 싶으니까, 꼭 들으러 오세요.

Q. 그럼 앞으로 하고 싶은 건 뭐죠?

A. 우선 심리학과나 관련 학과에 진학하는 것이 현재 목표고요. 이상심리학, 임상심리학에 관해 공부해서 사람의 마이너스 감정을 보다 더 잘 이해하고 싶습니다. 대표적으로는 역시 자살충동이죠. 심리치료를 기반으로 한 대안교육 연구도 하고 싶지만… 역시 현실은 수험생인 만큼 당장은 공부를 열심히!

Q. 마지막으로 하고 싶은 말해 주세요.

A. 많이 힘들었지만 재미있었습니다. 우리 꿈반이 친구들과 한준희 선생님의 많은 도움 감사드리고요. 대구 청소년종합지원센터에 07년부터 08년까지 근무하셨던 K 모 선생님께도 감사드립니다(좋은 사람으로 알려지고 싶다며 본명을 써달라고 하셨는데 딱히 선생님께서 좋은 일 하신 내용이 이 책에 없어요).

그런데 이 만화 말이죠. 정말 너무너무 못 그려서… 도망가고 싶네요.

악!! 감사합니다.

11 최지영 | 도서관=사서+책+?

"너는 책을 좋아하니?"라는
질문으로 책을 향한 마음을 정의할 수 있다면.
이것, 혹은 저것처럼 분명하게 말할 수 있다면
나는 과연 어떤 말을 할까.
아니, 그것보다도 과연 내가 이 질문에
답이라도 할 수 있을까.

태안 사랑의 도서관 같은 곳에 한번 가보고 싶다.

TV에서 하는 무한도전의 재방송을 보면서 문득 머릿속을 스치고 지나가는 생각에 모니터에 실행되어 있던 포토샵을 닫은 채 인터넷을 실행시켰다.

"대구에서 태안까지의 경로가."

검색창에 질문을 치고 스크롤바를 내리자 여러 가지 답변이 떠올랐지만 마음에 드는 답변은 하나도 존재하지 않았다.

"태안까지 가는데 6시간… 안 가고 만다."

창을 닫으면서 생각을 입 밖으로 꺼내자 검색하는 내내 들었던 불만과 생각이 자연스럽게 밖으로 흘러나왔다.

"아니, 이 주변에는 왜 이런 도서관이 없냐고. 사랑의 도서관만큼 바라는 것은 욕심이란 것을 아니까 그냥 책이라도 자주, 많이 들어왔으면 좋겠는데. 아니면 도서관 수라도 늘려주던지. 이건 뭐."

매번 하는 투덜거림. 몇 분 동안 혼자 중얼거리다가 곧 이 생각은 머릿속에서 사라질 것을 알고 있다. 알고 있음에도 불구하고 투덜거리는건.

도서관 _ 도서관이라고 정의하는 공간에 대해 이야기하다.
책 _ 그것은 어쩌면 가장 아름다운 선물일지도 모르는 무언가.
사서 _ 사서. 꿈을 말하다. 아니, 생각하다.

> 도서관
>
> 〔Dawn〕 새벽
>
> 〔Delete〕 지우다
>
> 〔De novo〕 새로이, 다시

〔Dawn〕

어쩌다 집에서 일찍 나오는 날이면 느낄 수 있는 새벽. 새벽에서는 묘한 느낌이 든다. 이유를 알 수 없음에도 불구하고 사람의 마음을 뒤흔드는 두근거림과 기대감. 거기다가 새벽의 어스름한 듯한 하늘과 분위기는 지금 내가 서 있는 곳이 내가 알고 있는 곳이 아닌 것만 같이 만들어서 좋다니까.

새벽

뭔가 뜬금없는 것 같지만 '도서관은 새벽을 닮았다.' 라고 생각한다. 예를 들자면 새벽에 느낄 수 있는 묘한 감정이. 사람의 마음을 이유 없이 들뜨게 만드는 점이 말이다. 이것보다 더 많은 공통점이 있는 것 같은데 사람들은 과연 어떻게 생각할까. 문을 열고 차례대로 들어오는 사람들을 쳐다보았다. 제각기 다른 책을 가지고 와서 자리에 차례대로 앉는 사람들. 나는 이렇게 책을 읽는 동안 생기는 침묵이, 조용함이 좋아서 사람이 아무도 없는 새벽 무렵의 도로를 연상시켜서 도서관에 더 자주 오는 걸지도. 다른 생각은 그만하고 가져온 책이나 읽어야 겠다싶어서 800번의 번호를 달고 있는 책장에서 꺼낸 책을 펼쳤다. 아까 생각했던 도서관과 새벽의 공통점이 하나 더 생각났는데 그건 책을 펼칠 때마다 느껴지는 기대감이라고 생각한다. 과연 무슨 내용이 적혀있을까. 목차를 읽으면서 드는 기대감과 오늘 하루는 어떤 하루가 될까라는 기대감이 말이다.

최지영/도서관=사서+책+?

〔Delete〕

가끔 생각한다. 내 머릿속에는 Delete키가 있는 것이 아닐까하고. 정확히 따지면 지웠으면 하는 일은 지우지 않고 필요한 일을 지우는 고장난 Delete키가 말이다. 아니, 사소한 일은 그렇다고 쳐도 정말 중요하다라고 생각하거나 반드시 해야 할 일마저 잊어버린다는 게 말이 되는건지. 분명해야 할 무언가가 있는 것 같은데 생각나지 않는 기분. 정말 싫어.

지우다

내가 뭐 때문에 도서관까지 왔더라. 읽고 있던 책의 표지를 덮으며 내가 도서관에 온 이유를 생각해보았다. 도대체 왜 왔지. 곰곰이 생각해보아도 떠오르지 않는 이유에 애꿎은 책상만 손톱으로 내리치며 『애거서 크리스티 전집』이라고 적힌 책을 쳐다보았다. 뭔가 중요한 이유가 있어서 온 것만 같은데 그 이유가 안 떠오른다 말이지. 지금 생각나지 않는 걸 보니까 그리 중요한 일은 아닌 것 같으니까 나중에 생각해도 되겠지. 약간은 속편한 소리를 하며 책을 제자리에 가져다놓기 위해 자리에서 일어나는 순간 내가 도서관에 온 이유가 갑자기 생각나버렸다. 아. 짧은 감탄사를 내뱉으며 코트 주머니에 손을 넣어보자 친구의 부탁이 적힌 종이가 꼬깃꼬깃 구겨진 채로 다른 물건들과 섞여 있었다. 이런. 약간 빠른 걸음으로 바닥을 밟으며 책장에 다가갔다. 정말 도서관에 와서 책만 읽으면 내가 뭐 때문에 왔는지 목적을 잊어버린단 말이야.

〔De novo〕

새로운 물건을 가질 때마다 '이번에는 제대로 사용해야지.' 라고 다짐하곤 한다. 하지만 그 다짐은 얼마가지 않아 물건을 잊어버리거나 고장내버린 뒤 너무나도 쉽게 지워버리고 새로운 다짐을 다시 세우는 나로 인해 반복된다. 이번이 처음이자 마지막이라는 듯이 말이다. 이번에야 말로 제대로 사용해야지.

새로이, 다시

도서관 대출카드 재발급하러 왔는데요. 문을 열고 들어가며 말을 하자 자리에 앉아계시던 사서분은 "재발급이면 이거 작성해서 오세요."라며 대출 카드 재발급이라 적힌 용지를 내게 내밀었다. 과연 이 용지를 보는게 몇 번째일까? 확실한 건 3번을 넘어섰다는 거지. 분명 지갑에 학생증이랑 같이 넣어둔 것 같은데 도대체 어디로 간 거지. 손으로는 서류를 작성하면서도 머리는 계속해서 투덜거리고 있었다. "이젠 재발급해주세요."라는 말조차 하기 부끄럽다, 부끄러워. 정말 이번에는 소중하게 여겨야겠다. 매번 하는 다짐 같다만 그래도 이번에는 정말 꼭 지켜야지. 아니, 안 지킬 수 없겠다만 말이야. 서류의 빈칸을 모두 채워 내밀자 서류를 받은 사서분은 "한 일주일 뒤에 찾으러 오세요."라고 말하며 나에게서 몸을 돌렸다. 매번 같은 다짐이 새로이 새워지고 무너지길 반복하는 곳. 언제 무너질지는 모르겠지만 똑같은 다짐을 하며 빠져나왔다.

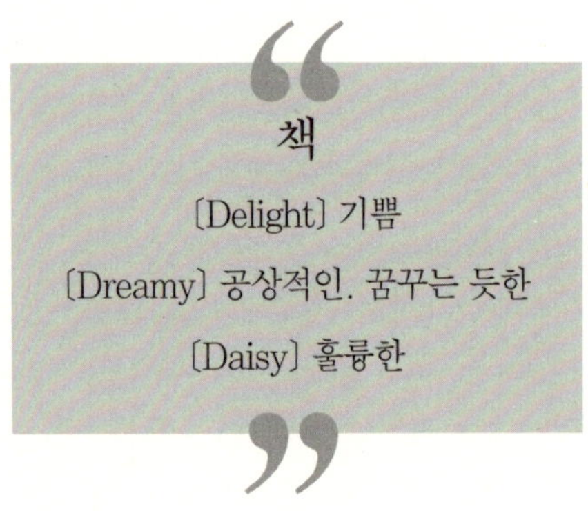

〔Delight〕

Delight 1. 기쁨. 즐거움. 환희라고 적힌 전자사전의 액정이 깜박거리더니 곧 검은 색 배경으로 바뀌었다. Delight라. 영어 단어임에도 불구하고 마음이 따뜻해지는 건 나에게 있어서 사전적 의미. 그 이상의 의미를 담고 있기 때문이 아닐까. 정말 Delight라는 단어가 이렇게 좋아질지는 몰랐는데 말이야.

기쁨

묘한 두근거림. 기대감으로 가득 부풀어오르는 마음을 억누르며 갈색 상자에 담겨있는 책을 꺼내 조심스럽게 감싸져있는 투명한 포장지를 손톱으로 벗겨냈다. 손을 대면 지문이 묻어나올 것만 같은 책표지. 새책이니까 이왕이면 조심해서 다뤄야지. 아직 한번도 제대로 안 읽었는데 찢겨지거나 더러워지면 안되니까. 괜한 손을 바지에 한번 쓱쓱 문지른 뒤 조심스럽게 표지를 넘겼다. 지난 권의 마지막 장에 나왔던 인물로 시작되는 책은 내가 상상한 것 이상으로 재미있었다. 또한 그만큼 다음 권에 대한 기대감을 고조시키고 있었다. 정말 이 맛에 책을 산다니까. 5권이라고 적힌 책의 옆에 6권이라는 숫자가 잘 보이도록 꽂아넣자 마음 한 구석에 말로 형용할 수 없는 훈훈함과 근거없는 뿌듯함이 차올랐다. 다음 권도 나오자마자 당장 사야겠는데. 이렇게 나오는 책을 모으는 것도 좋아하는 가수의 앨범을 모으는 것 이상의 기쁨이 있다니까.

[Dreamy]

시대물소설이나 추리소설을 읽고 있으면 지금과는 다른 세계의 이야기를 알 수 있어서 마치 꿈을 꾸는 듯한 기분이 든다. 다른 말투와 다른 삶. 꿈꾼다면 볼 수조차 없는 세계를 알 수 있다는 점에서 책은 공상적인 세계가 아닐까. 어느 것이 진실인지 알 수 없고 모든 것이 공상이 되는 세계.

공상적인, 꿈꾸는 듯한

책을 읽고 다 났음에도 불구하고 책을 읽는 동안 느꼈던 들뜸과 흥분은 사라질줄 모르고 있었다. 우리나라가 아닌 유럽의 이야기. 그리고 현대가 아닌 다른 시대의 세계를 이야기하고 있는 책답게 읽는 내내 꿈을 꾸고 있는 듯한 기분이 들었다라고나 할까. 지금과는 다른 세계의 이야기를 하는 것만으로도 꿈을 꾸는 듯한. 내가 있는 이곳이 알고 있는 곳이 아닌 것만 같은 기분이 들 수 있는건 정말 신기한 일이지. 다른 말투와 다른 삶. 꿈꾸지 않으면 볼 수조차 없는 세계를 알 수 있다는 점에서 책은 공상적인 세계가 아닐까. 생각하는 것조차 꿈꾸는 것이 되는 세상. 어느 것이 진실인지 알 수 없고 모든 것이 공상이 되는 세계. 그런 세계 말이다.

〔Daisy〕

꽃 이름 아니야? 데이지가 무슨 뜻이냐고 물어오는 친구에게 "꽃이름이잖아."라고 대답하며 전자사전에 daisy를 검색해보자 나오는 것은 '꽃이름뿐만이 아니라 훌륭한' 이라는 뜻. 내가 설마 꽃이름을 몰라서 묻겠냐. 옆에서 타박 주는 친구의 말은 무시하고 전자사전을 들여다보았다. 이런 뜻도 있었구나.

훌륭한

후기보다 더 재미있을지는 몰랐는걸. 책 표지를 덮으면서 작게 중얼거렸다. 내가 상상했던 것들을 뛰어넘은 결말과 트릭, 그리고 인물들의 관계. 구매하기 직전 인터넷에서 본 후기를 뛰어넘은 책의 내용은 나로 하여금 친구에게 이 책을 추천하게 만들 정도로 재미있었고 또한 훌륭했다. 정말 재밌다니까. 아니, 그 때 추천해준 소설은 정말 미안하다니까. 그런데 이건 그 때 추천해준 책이랑 전혀 다르다니까. 진짜 거짓말 안하고 간만에 볼만한 소설이다. 이건 남한테 이야기를 듣지 말고 본인이 직접 읽어야 이 책의 진가를 안다니까. 내가 말로 설명을 제대로 못해서 그렇지 진짜 괜찮은 책이라니까. 친구에게 전화로 책을 추천해주며 내 옆에 놓인 책을 들어올렸다. '훌륭한' 이라는 말로도 표현이 부족한 책. 도대체 뭐라고 표현해야 이 책을 보다 정확하게 나타낼 수 있을까.

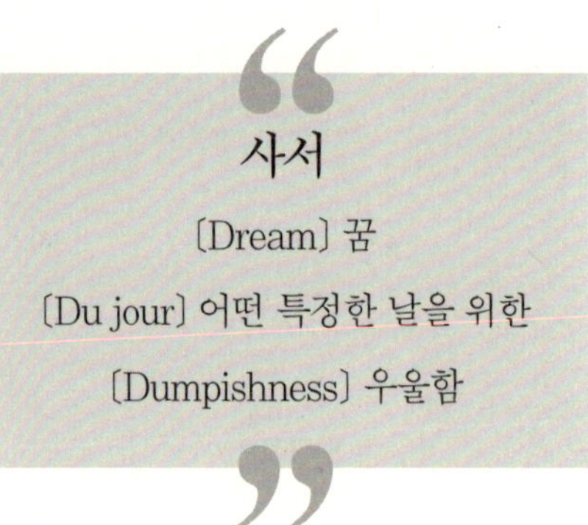

〔Dream〕

꿈이 바로 앞에 있는데, 당신은 왜 팔을 뻗지 않는가.

지금 잠을 자면 꿈을 꾸지만 지금 공부하면 꿈을 이룬다.

불가능이란 노력하지 않는 자의 변명이다.

누가 뭐래도 나는 절대로 내 꿈을 포기 못해.

꿈

제 꿈은 사서입니다. 여기서 말하는 사서는 어린이도서관이나 공공도서관에서 일하는 사서라던가. 학교에서 일하는 사서교사라던가 이 두 가지를 포함한 직업입니다. 제가 사서란 직업을 마음 속으로 품어온 건 중학교 입학할 무렵이였습니다. 사람들에게 보여지는 이미지대로 사는 직업이 절대 아니라고. 인터넷에 검색해본 사서에 대한 의견들은 대부분 저러했습니다. 그랬는데도 사서란 직업이 마음에 드는 이유는. 목표로 삼고 살아가게 하는 책과 관련이 되어 있으니까. 그 자체만으로도 마냥 행복하니까 이러한 이유로 끌렸다. 끌리고 있다라고 생각합니다. 꿈으로 삼은지 이제 4년이 넘어가지만 아직도 좋은 이유는 '사서' 이기 때문이겠지요?

〔Du jour〕

손을 뻗어 책을 원래의 위치에 두었다. 가지런히 정리되어있는 책들. 왠지 모르게 드는 뿌듯함에 고개를 끄덕이며 책장으로부터 걸어나왔다. 사소하다고 하면 사소할지도 모르는 즐거움이지만 뭐 어때. 새로 반납되어 들어온 책을 품에 안고 문학이라고 적힌 책장의 모서리를 돌자 책을 읽고 있는 사람들이 시선 속으로 들어왔다.

어떤 특정한 날을 위한

손을 뻗어 책을 원래의 위치에 두었다. 가지런히 정리되어있는 책들. 왠지 모르게 드는 뿌듯함에 고개를 끄덕이며 책장으로부터 걸어나왔다. 사소하다고 하면 사소할지도 모르는 즐거움이지만 뭐 어때. 새로 반납되어 들어온 책을 품에 안고 문학이라고 적힌 책장의 모서리를 돌자 책을 읽고 있는 사람들이 시선 속으로 들어왔다. 책을 좋아하는 사람들을 보고 있는 것만으로도 가슴이 따뜻해지는 건 내가 사서이기 때문일까. 도서관을, 책을 사랑해주는 사람들이 더욱 늘어난다면 좋을텐데…….

〔Dumpishness〕

이건 다른 사람들도 마찬가지겠지만 비가 오는 날이면 기분은 한없이 가라앉는다. 우울함이라는 병이 온 몸을 돌고 돌아 아무것도 할 수 없게 만들어버리기 때문에 말이다. 생각과는 달리 움직이지 않으려하는 몸. 이건 전부 내 몸을 덮고 있는 우울함 때문에 이러는거야. 솔직히 말하면 알고 있다. 내가 하지 않으려고 하는 것은 우울함이 관련된 문제가 아니라는 것을.

우울함

한숨을 쉬며 마우스를 움직여 약간은 신경질적으로 인터넷창을 닫아버렸다. "문헌정보학과에 가기 위해서는 어떻게 해야하나요?"라는 질문을 괜히 본걸까. 꿈을 가지고 있다면. 목표만 있다면 열심히 할 수 있을 것이라는 말도 나한테는 해당이 되지 않는 말인가 보네. 내가 노력하지 않기 때문에, 꿈을 이루기 위해서 하는 것이 아무 것도 없기 때문에. 이런 결과가 나온 것은 스스로가 슬플 정도로 잘 알고 있지만 그래도 슬픈 건 어쩔 수 없는 걸. 사서라는 꿈을 이루기 위해서는 얼마나 쓰러지고 얼마나 노력해야 하는걸까.

도서관, 사서, 꿈, 책, 긍정, 내 꿈을 이야기하기 위해서는 무조건적이라고 할 수도 있을 만큼 꼭 나와야하는 단어들. 내 꿈은 사서입니다라고 말하며 저 단어들을 이야기할 때마다 나는 많은 꿈을 꾸곤 한다. 언젠가 저 꿈을 현실로 이루고 또 다른 꿈을 꾸기 위해 오늘도 내 나름대로 노력하고 있지만 아직도 저 단어들을 이야기하기에는 내가 해야할 것들이 많다고 생각한다. 저 단어들을 스스로 당당하게 말할 수 있는 날이 오기를.

Merci, Y.Y.W

12 강예홍 | alter ego

Prologue

'나' 라는 말은 단수가 아닙니다.

누구에게나 또다른 '나' 가 있기 때문입니다.
그게 남자이든 여자이든, 한국에 살고 있든, 미국에 살고 있든,
혹은 지구가 아니라 다른 별에 살고 있든 관계없이 말입니다.

이 책은 또다른 자신을 찾은 소녀의 이야기입니다.
또다른 자신을 만남으로 인해 자신의 재능을 깨닫고
꿈을 찾아, 꿈을 이루어 낸 소녀이지요.

그 소녀는 저를 모델로 했지만, 여러분이 될 수도 있습니다.

여러분의 또다른 '나' 는 누구인가요?

이 책을 다 읽었을 때,

여러분이 또다른 **'나'** 를 찾아냈기를 진심으로 바랍니다.

까- 맞다.

.

.

.

.

어디까지 걸어야 되는지도 모르고 마냥
걸으며 타 박 타 박

.

.

.

?

저기에 무언가 —
온통 까만 가운데 약하게 나마 빛나는 저기.

걸음을 조금 빠르게
타박타박

그러나 가까워 질수록
조 금 씩 느 려 지 는

얼마나 지났을까
다다라서 눈 앞에
펼쳐진 거울
비춰지는 수많은 사람들

소스라치게 놀라
고개를 돌리자
키도 옷도 머리색도 제 각각인채
나의 얼굴로
다른 표정을 짓고 있는……!

그녀는 눈을 떴다. 꿈이었다.

하아-

그녀는 숨을 몰아쉬었다. 그녀의 머릿속에는 수백 명의 또 다른 그녀들이 떠오르고 있었다.

또다른 '나'라…

그녀는 잠이 완전히 깨버렸다. 침대에서 이불을 걷어내고 일어났다.

새벽 네시 십칠분이었다. 그녀는 벽을 가득 채우며 걸려 있는 세계지도를 바라보았다.

또 다른 내가 있는 걸까?

이 어딘가에 또 다른 내가 살고 있을 수도 있겠지?

그녀는 생각에 잠겼다.

그녀의 몸 속에는 대한민국에서 가장 흔하다는 RH+A형의 피가 돌고 있으며, 들이마실 수 있는 공기의 최대 높이는 160cm정도이다. 까치발을 들면 아마도 10cm정도는 위의 공기를 마실 수도 있겠지만. 그리고 약 45kg의 무게로 땅을 압박하고 살아가고 있으며, 모카 카푸치노와 접촉하는 것을 매우 사랑하지만 에스프레소는 끔찍하게 혐오하는 혓바닥을 소유하고 있다. 활자와 마주하는 것을 좋아해 열 시간 정도는 꼼짝않고 책을 읽을 수 있다는 것은 그녀의 자랑거리다.

이것이 한국의 그녀에 대한 대략적인 소개이다.

또다른 그녀라, 어쩌면 락보다는 발라드를 좋아하는 취향 정도는 같을지도 모르겠다.

혹은 초콜렛을 좋아할지도 모르고.

뉴욕의 나? 바쁘게 걸어다니며 멋진 생활을 하는 뉴요커? 아니면 홈리스일 수도 있겠지.

혹은 다른 행성의 나? 아프리카의 나는?

어쩌면 지금은 죽어버린 옛날의 사람일 수도 있겠지?

그녀의 생각은 꼬리에 꼬리를 물고 이어졌다.

한참을 세계지도를 바라보다 그녀의 손가락은 지도를 스쳤다.

순.간.

그녀는 처음 보는 곳에 서 있었다.

조금은 쌀쌀한 공기에 몸을 움츠렸다.

생각에 잠겨 있다 갑작스럽게 마주하게 된 낯선 풍경에 그녀는 잠시 얼떨떨해졌다.

공포보다는 놀라움과 신기함에 휩싸여 주위를 둘러보자 BAKER STREET이라 적혀 있는 표지판이 있었다. 베이커 거리라!

셜록 홈즈, 그가 살던 그 곳이었다.

그녀의 눈은 바쁘게 221B를 찾기 시작했다.

저기! 221B라 쓰여진 현관 앞에 그가 서 있었다.

아무 생각 없이 쳐다보는 사람에게조차 관심을 끄는 데가 있는 외모. 180cm가 넘는 키에 깡말라서 훨씬 더 커 보이는 사람. 기민하고 단호한 인상을 주는 매부리코와 결단력 있어 보이는 턱.

거기다 특유의 모자를 쓰고 파이프를 물고 있는 모습.

그가 맞다. 셜록 홈즈 그가 맞다.

그토록 동경해왔던 홈즈의 모습이었다.

그녀는 달리기 시작했다.

홈즈가 실제의 인물이 아니라는 것은 홈즈의 모습을 보게 되었을 때 이미 그녀의 머릿속에서 지워져 버린지 오래였다.

홈즈! 그가 저곳, 내 눈 앞에 서 있다!

헐떡거리는 숨을 억지로 진정시키며 그녀는 홈즈 앞에 마주섰다.

"저는, 저는 영국의 나를 만나러 왔어요"

그는 날카로운 눈으로 그녀를 내려다보며 살짝 미소지었다.

"네가 올 줄 알고 있었어."

"……"

셜록 홈즈, 그가 나였다.

깨닫는 순간 그녀는 홈즈가 되어 있었다.

갑작스러운 변화에 놀라기도 전에 누군가가 그녀를 불렀다.

"홈즈, 어쩐 일로 나와 있어? 설마 나를 기다리고 있진 않았을 텐데?"

전형적인 영국신사의 모습을 하고 매우 친근한 말투로 그녀를 부르는 남자. 아, 왓슨인 모양이다.

"날씨가 좋아서 기분 전환 겸 나와 있었어. 들어가지."

들어온 홈즈와 왓슨의 하숙집, 아니 그녀와 왓슨의 집. 정말로 홈즈인 것마냥 탁자 위의 신문을 집어들었다. 런던 근처의 본머스에서 일어난 살인사건이 1면에 보도되어 있었다.

"왓슨! 살인 사건이야. 이런, 아들이 용의자로 거의 확실한 분위기인걸."

왓슨은 어깨 너머로 같이 신문을 읽기 시작했다.

"목격자들이 모두 아들인 제임스가 아버지를 뒤따르는 것을 보았다. 거기다 아들은 엽총을 들고 있었다라… 이건 뻔한 사건이군 그래."

"왓슨, 자네도 아들이 범인이라고 생각하나?"

자연스럽게 홈즈의 말투로 그녀는 말을 하고 있었다.

"목격자들이 모두 그렇게 말을 하잖는가? 거기다 아들도 부인을 하지 않고 있지 않은가?"

"으음… 아닐세."

무엇인가 수상했다. 홈즈의 '감'은 아들이 범인이 아니라고 외치고 있었다. 그녀가, 아니 홈즈가 한참을 생각에 빠져 거실을 빙글빙글 돌고 있을 무렵 누군가가 노크를 하고 들어왔다.

"저… 셜록 홈즈씨?"

홈즈는 잠시 생각을 멈추고 들어온 손님을 바라보았다. 매우 아름다운 여인이었지만 무척이나 급하게 온 듯한 차림이었다. 비슷한 구두였지만 짝이 맞지 않는 구두를 신은데다 옷의 단추는 잘못 끼워져 있었다.

"매우 급히 오셨군요. 지금 급히 오셔야 할 만한 사건이라면, 본머스에서 일어난 살인사건과 관계 있으신 분인가요?"

그녀는 깜짝 놀랐지만 이내 고개를 끄덕였다.

"네, 저는 제임스의 약혼자인 로즈라고 해요. 제가 아는 제임스는 절대 그런 일을 할 사람이 아니에요!"

강예홍/alter ego

그녀는 눈물 맺힌 눈으로 이를 악물며 얘기했다.

"경시청의 사람들은 모두 제 말을 무시하고 있어요. 도와주세요, 홈즈씨! 제발 지금 저와 같이 본머스로 가주세요. 네?"

로즈는 급기야 울음을 터뜨렸다.

"홈즈, 지금 같이 가세나."

옆에서 왓슨이 나섰다.

"아닐세. 그럼, 로즈양. 왓슨과 함께 가시겠습니까? 왓슨은 제 절친한 친구로 저와 다를 바 없습니다."

왓슨은 홈즈와 로즈양을 번갈아 바라보았고, 로즈는 어쩔 수 없다는 듯이 수긍했다.

"왓슨, 저녁에 뒤따라 가겠네. 로즈양, 그럼 조심해서 가십시오."

왓슨과 로즈양을 보낸 뒤 홈즈는 자연스럽게 파이프를 입에 물었다.

홈즈라면 이 상황에서 어떤 추리를 해 나갔을까.

연기를 뿜어내며 홈즈는 다시 신문을 펴 들었다. 신문은 꽤나 자세하게 보도하고 있었다.

죽은 맥커어디는 오스트레일리아 출신으로 본머스에서 가장 큰 목공소를 운영하는 터어너와 절친한 사이였다. 둘은 영국으로 건너오기 전부터 가까운 사이였다. 터어너는 맥커어디에게 농장을 빌려주는 등의 호의를 베풀고 있었다.

맥커어디에게는 제임스라는 아들이 있는데 부인은 제임스를 낳다가 죽었다. 터어너는 마찬가지로 부인이 없고, 로즈라는 제임스와 동갑인 딸이 있다. 제임스와 로즈는 약혼한 사이였다. 맥커어디는 살해당하기 전날 런던 시내에 볼일이 있어 나왔었다. 그 때, 하인에게 다음날 오후까지는 반드시 돌아가야 한다고, 만날 사람이 있다고 몇 번이나 얘기했다고 한다.

그는 바쁘게 일을 마치고 돌아갔고, 그리고 죽어버린 것이었다. 맥커어디는 죽기 전에 '번트(burnt)' 란 말을 남겼고 경찰은 맥커어디가 죽기 전에 환각을 보았다고 추측하고 있다.

사건 당일 제임스가 맥커어디의 뒤를 따라간 것을 본 목격자는 두 명. 동네 할머니와 터어너의 하인 크로우더이다. 둘 모두 제임스가 맥커어디가 지나간 약 30분쯤 뒤에 같은 길로 가는 것을 보았고, 크로우더의 증언에 따르면 제임스는 엽총을 들고 있었다고 했다.

얼마 후 제임스는 경비원 모오란의 집으로 뛰어들어와 아버지가 죽어있다고 외쳤다. 모오란과 그의 딸 제인은 함께 제임스를 따라 나섰고, 제인은 맥커어디의 시체를 보고 기절하여 아직 깨어나지 않았다고 한다.

경찰에 의해 제임스는 가장 강력한 용의자로 의심받았지만, 제임스는 자신의 혐의를 인정하지도, 부인하지도 않았다. 다만 터어너의 딸인 로즈만이 제임스의 결백을 주장하고 있는 것이다.

무척이나 단순하면서도 다르게 생각하면 무엇인가 수상했다.

일단 제임스가 들고 갔다는 엽총.

맥커어디의 사망 원인은 총상이 아니라 둔기에 의한 충격이었다. 물론 엽총으로 때렸다고 해도 말은 되겠지만, 총을 쏘지 않을 생각이었다면 굳이 엽총을 들고 갈 이유가 없었다.

그리고 맥커어디가 마지막으로 남긴 말도 의심해보면 수상하기는 마찬가지였다. 물론 충격으로 뇌에 손상을 입어 온몸이 타들어가는 등의 환각을 보았을 수도 있다. 하지만, 자살이나 사고사도 아니고, 타살인데 죽으면서 마지막으로 남기는 말이 'burnt'라니 이해하기는 어려운 측면이 있었다.

홈즈는 머릿속으로 바쁘게 이야기를 전개시켜 나갔다.

무언가 이상해. 만날 사람이라. 아들을 만나기 위해 바쁘게 돌아가진 않았을 텐데…

이제 그만 본머스로 가 보아야겠어.

홈즈는 생각을 끝내고 마차를 불렀다. 이미 날은 어둑어둑해지고 있었다.

"본머스의 터어너 목공소로 가 주시오."

홈즈는 이 사건을 반드시 해결해야 한다는 책임감에 사로잡혔다.

홈즈가 그녀에게 맡긴 사건이므로, 그녀의 이름이 아니라 홈즈의 이름으로 해결하는 사건이므로.

본머스에 도착하자 왓슨과 한 사내가 기다리고 있었다.

"홈즈씨! 기다리고 있었습니다"

레스트레이드 경감으로 보이는 사람이었다.

"제임스는 어디 있습니까?"

"따라 오시지요"

경감은 마차를 불렀고, 왓슨과 홈즈는 마차에 같이 올랐다.

"이미 다 해결된 사건인데 왜 오신 것인지 궁금합니다만."

"아니요, 제임스가 아닙니다."

경감은 고개를 갸우뚱했다.

"네? 목격자가 있지 않습니까?"

"기다려보시지요."

레스트레이드 경감은 알 수 없다는 표정을 지으며 제임스에게로 그들을 인도했다.

제임스는 말쑥한 청년이었다. 빼어난 미남은 아니었으나 깊고 푸른 눈을 가져 처음 보는 사람에게도 호감을 주는 인상이었다.

"셜록 홈즈씨와 왓슨 박사시네."

레스트레이드 경감은 말을 마치고 밖으로 나갔다.

"제임스씨, 저는 당신이 맥커어디씨를 죽이지 않았다고 생각합니다. 당신이 왜 부인을 하지 않는지가 궁금합니다."

홈즈는 단정적인 어조로 입을 열었다.

제임스의 눈에는 혼란이 어렸다.

"역시 셜록 홈즈씨군요. 제가 죽였다고 하는 편이 누구에게나 좋습니다. 그렇게 해 두지요."

그 이후로 제임스는 입을 열지 않았다.

"제임스씨. 저에게 말을 해 주시면 당신은 곧 풀려나게 될 겁니다. 그런데 왜 이러고 있는 거지요?"

"……"

홈즈는 제임스에게 더 이상의 정보를 얻지 못한 채 나왔다.

"홈즈씨, 얻으신게 있습니까?"

레스트레이드 경감이 말을 걸어왔다.

"이번에는 제가 옳은 것 같습니다, 아니 홈즈씨가 아무리 대단하시다고는 하지만 이번 사건만큼은 너무 확실한 사건입니다. 전혀 손을 대실 필요가 없는 사건이에요."

홈즈는 대답하지 않고 단지 왓슨에게 이야기를 건네왔다.

"왓슨, 로즈양의 집으로 가보는 것이 좋을 것 같네."

왓슨과 홈즈는 로즈의 집으로 향했다.

왓슨과 홈즈가 집으로 들어서자 로즈는 반갑게 맞아주었다.

"홈즈씨, 제임스를 만나셨다고 들었어요. 제임스가 뭐라고 하던가요?"

로즈는 불안한 얼굴로 물어왔다. 약혼자를 걱정하는 기색이 역력했다.

"제임스는 아무 말도 하지 않았습니다."

"네?"

로즈는 알 수 없다는 표정을 지었다.

"그래서 홈즈씨는 이대로 돌아가실 건가요?"

"아닙니다. 저는 끝까지 남아서 수사를 계속할 것입니다."

"감사해요. 홈즈씨. 홈즈씨만이 저의 유일한 희망이에요."

"아닙니다. 제가 좋아서 하는 일인걸요. 저에게는 사건을 해결하는 것만이 유일한 즐거움이니까요. 그런데, 죄송하지만 화장실이 어디 있습니까?"

"아, 제가 안내해 드릴게요."

"어딘지 알려주시면 혼자 가겠습니다."

"그러시다면, 화장실은 1층 복도 제일 끝에서 오른쪽에 있는 문을 열고 들어가시면 됩니다."

홈즈가 화장실에 간 사이 왓슨과 로즈는 이야기를 나누었다.

"저는 두려워요, 왓슨 박사님. 사람들이 그러는데 제임스가 재판에서 사형 판결을 받을 가능성이 크대요."

"홈즈는 맡은 사건을 절대로 그렇게 내버려둘 사람이 아닙니다. 홈즈와 저를 믿으십시오. 제임스의 재판은 언제 열립니까?"

"아마도 두 달 뒤에 열릴 거에요."

"차분히 기다리세요. 홈즈는 영국뿐 아니라 전 유럽이 인정하는 명탐정입니다."

"그렇지만, 저는 제임스가 너무 걱정이 되는 걸요."

"물론 약혼자니까 걱정하시는 것도 당연합니다. 그렇지만 홈즈는 재판이 열리기 전까지, 아니 이번 달 안으로 제임스를 로즈양의 곁으로 데리고 올 수 있을 겁니다."

화장실에 갔던 홈즈가 돌아오자 둘의 이야기는 거기서 그쳤다.

"그럼, 로즈양. 마음 편히 가지세요. 저희는 지금 보스콤 늪지로 갈 예정입니다."

"마차를 불러 드리겠어요. 안녕히 가세요."

홈즈와 왓슨은 마차를 타고 보스콤 늪지로 향했다.

"요 며칠 새에 본머스에 비가 내렸었나요?"

홈즈는 마부에게 물었다.

"비 말입니까? 비는커녕 물방울 하나도 구경 못했습니다. 한 달도 넘게 가물어 땅이 아주 바짝바짝 말라서 농사가 이만저만 걱정들이 아니에요."

"아, 그렇군요. 유감입니다."

"홈즈, 갑자기 비는 왜 물어보는가?"

"아닐세, 그냥 갑자기 궁금해져서 그랬네."

홈즈와 왓슨은 보스콤 늪지에 내려 사건 현장으로 걸어갔다.

"시체는 경시청에서 가져갔을 테고, 풀이 누운 것을 보니 여기가 맥커어디가 죽은 곳이군."

홈즈는 주위를 둘러보았다. 그 때 왓슨이 외쳤다.

"홈즈, 저기에 반짝거리는 것이 보이는데? 여자 머리핀인걸."

"왓슨, 대단하군 그래."

"그런데 홈즈, 핀이 있는 걸 왜 경시청 사람들은 보지 못했을까?"

"제임스라고 범인을 확정지어버렸으니, 증거가 무슨 필요가 있었겠나. 그냥 제임스만 체포해가면 사건은 끝이 나니 말일세."

"과연 그러하겠군."

"이 핀을 들고 내려가서 경감에게 보여줬을 때의 표정이 기대되는군. 왓슨, 자네가 이 핀을 발견했으니 자네가 가지고 있게나."

왓슨은 핀을 받아 주머니에 넣었다.

"그런데 홈즈, 이 핀이 누구의 것이라고 생각하나?"

"색깔이 바래지 않은 것으로 봐서 떨어뜨린 지 얼마 안 되는 것 같은데, 아직은 잘 모르겠군."

홈즈는 말을 마치고 주머니에서 봉투를 꺼내어 늪지의 흙을 조금 떠내 담았다.

"그것은 왜 담고 있나, 홈즈?"

"땅은 거짓말을 하지 않는 법이라네, 왓슨."

왓슨은 고개를 갸우뚱거리며 홈즈를 바라보았지만 홈즈는 더 이상 설명을 하지 않았다.

그 대신 돌을 몇 개 집어들었다.

"왓슨, 머리에 충격을 받아 죽으려면 어느 정도로 타격을 받아야 할까?"

그러자 왓슨은 홈즈가 집은 돌 중 주먹보다 약간 작은 크기의 것을 가리키며 말했다.

"이 정도의 크기만 되어도 충분히 죽을 수 있다네. 다른 곳에 맞으면 몰라도 머리에 맞았다면 죽을 거야."

"그러면 이 크기의 돌은 누구라도 던질 수 있는 크기가 아닌가?"

"물론 그렇지. 설마 홈즈, 맥커어디가 돌에 맞아 죽었다고 생각하나?"

"총이 아니라면 다른 무기가 될 수 있는 것들을 살피고 있는 중이라네. 이 주위에는 돌이 귀하지 않으니 돌도 무기로 쓰일 수 있겠지."

홈즈는 말을 마치고 왓슨에게 그만 돌아가자는 손짓을 했다.

둘은 기다리고 있던 마차에 다시 올라 레스트레이드 경감이 묵고 있는 곳으로 향했다.

레스트레이드 경감은 마침 밖으로 나오던 참이었다.

"경감님, 왓슨이 늪지에서 발견한 것이 있습니다만,"

경감은 귀찮은 표정을 지으며 왓슨을 바라보았다.

왓슨은 주머니에서 머리핀을 꺼냈다.

"여자 머리핀입니다. 홈즈와 조금 전 늪지에 갔다가 시체가 있던 곳에서 약 30발자국쯤 떨어진 곳에서 발견했지요."

"아니, 그래서 지금 범인이 여자일 것이라 이 말입니까?"

"꼭 그렇다는 게 아니라 제임스가 범인이 아니라는 증거물이 될 수 있는 것이지요."

레스트레이드 경감은 머리핀을 받아 찬찬히 살펴보았다.

"제임스가 약혼자인 로즈에게 주려고 산 것일 수도 있지요. 아니면 제인 모오란이 현장에서 기절했지 않습니까? 그러고 보니 아마도 제인의 것인 것 같습니다. 모오란씨에게 가보도록 합시다."

경감과 홈즈, 왓슨은 경비원인 모오란네 집으로 향했다.

강예홍/alter ego

"모오란씨, 혹시 이 핀을 본 적이 없으십니까?"

"글쎄요, 저는 잘 모르겠는데요."

"제인이 평소에 하고 다니는 핀은 아닙니까?"

"으음. 그러고 보니 종종 이 핀을 머리에 꽂고 있는 걸 본 것 같기도 합니다. 예, 제인의 것인 것 같습니다. 감사합니다."

"예, 안녕히 계십시오."

모오란의 집을 빠져나오자 경감은 그것 보라는 듯이 홈즈에게 말을 건넸다.

"홈즈씨, 범인은 제임스입니다. 수고하시는 것이 안타까워서 그럽니다. 이만 돌아가시는게 어떻습니까?"

"아닙니다. 레스트레이드 경감. 늘 해왔던대로, 저는 제 식대로 수사하지요. 그럼 안녕히."

홈즈는 왓슨과 함께 여관으로 돌아갔다.

홈즈는 여관으로 향하는 마차안에서 내내 '제임스' 와 '머리핀' 을 중얼거렸다.

"홈즈, 뭘 그렇게 중얼대고 있나?"

"왓슨, 아무래도 그 머리핀의 주인공은 제인이 아닌 듯 싶어."

"그건 또 무슨 말인가?"

"아닐세 왓슨. 조금 더 기다려 보면 확실히 알 수 있겠지."

여관에 도착하고 나서도 홈즈는 오랫동안 잠을 이루지 못했다. 잠깐 눈을 붙이자 얼마 지나지도 않았는데 해가 떠올랐다.

"왓슨, 아침 식사를 다 하고 나면 자네는 로즈양에게 가서 어제 있었던 일을 들려주도록 하게."

"그럼, 홈즈 자네는?"

왓슨이 어리둥절한 얼굴로 물어왔다.

"나는 잡화점에 좀 들러야 할 것 같아."

"잡화점에는 왜?"

왓슨의 표정은 점점 더 아리송하게 변해갔다.

"제임스와 관련해서 좀 물어볼게 있어서 그렇다네. 다행히도 이 마을에는 잡화점이 하나밖에 없다는군. 수고를 덜 수 있을 것 같아."

"알겠네. 그러면 점심 때쯤 다시 여관에서 보세."

홈즈는 잡화점으로 향했다.

"머리핀을 좀 보고 싶습니다만."

"어떤 머리핀을 찾으십니까? 머리핀은 이쪽에 있습니다."

잡화점 주인은 홈즈를 잡화점 구석으로 안내했다.

"세련된 것으로 보고 싶습니다. 이왕이면 금색으로요."

"이건 어떻습니까? 요즘 처녀애들이 자주 사가는 것인데."

홈즈의 눈길은 잡화점 주인이 골라준 핀에서 한참 떨어져 있는 핀에 향했다. 주인은 홈즈의 눈길을 따라가서 핀을 하나 새로 집어들었다.

"이게 마음에 드십니까? 허허. 손님 물건 보실 줄 아시는군요. 이 핀이 말입니다. 은에다 도금을 한 데다가 몇 개 나오지 않는 거라서 비쌉니다. 이게 하나 남은 거에요."

"몇 개 나오지 않는다고 했습니까?"

"그럼요. 내 장담하지요. 본머스 전체에서 우리 집말고는 이 핀을 구할 수 없을 겁니다. 우리 집에 다섯 개 들어왔는데 이거 딱 하나 남았어요."

"그렇다면 혹시 누구에게 파셨는지도 기억하십니까?"

"그렇다마다요. 장사를 하루 이틀하는 것도 아닌데요."

"누가 사 갔는지 좀 알려주실 수 있겠습니까?"

잡화점 주인은 홈즈를 이상한 눈길로 바라보았다.

"그건 왜요?"

"좀 알아볼 것이 있어서 그럽니다."

"뭐, 말해도 나쁠 것은 없겠지요. 물건이 들어온지 얼마 되지 않아서 저기 교회 옆에 사는 소머씨가 손녀 생일 선물 한다고 사가신 적이 있고, 우리 집 바로 옆에 하워드씨네 딸들이 언니 결혼식에 쓴다고 사 갔었고, 또 하나는 제임스가 하나 사갔는데 아마 로즈를 주었을 거요. 그리고 최근에 마지막 것이 팔렸는데 손이 사 갔을…"

"혹시 제임스는 그 핀을 언제 사 갔었는지 기억하십니까?"

"정확히 몇 일인지는 몰라도 내 기억으로 두 달은 더 되었을 거요. 로즈 생일이 그 즈음이었거든요. 그런데 제임스에 대해서는 왜 묻는 거요? 소문도 듣지 못했습니까? 아버질 죽여서 붙잡혀 갔다는 걸? 그러고 보니 외지에서 오신 분 같군요. 제임스가 그럴 사람이 아닌데 말이요. 쯧쯧. 어떡하다 그렇게 되버렸는지… 쯧쯧"

"감사합니다. 그럼 안녕히 계십시오."

홈즈는 잡화점을 걸어나와 여관으로 돌아갔다.

여관에는 왓슨이 먼저 와 있었다.

"왓슨, 로즈는 지금 어떻든가?"

"여전히 초조해하고 있다네. 약혼자가 감옥에 있으니 당연히 그렇겠지. 그런데 자네는 잡화점에서 뭘 하고 왔나?"

"별 일 아니라네. 난 제임스에게 다녀 오겠네."

홈즈는 바쁘게 다시 밖으로 걸어나갔다. 왓슨이 뒤에서 홈즈를 멍하게 바라보고 있었다.

얼마 후, 또다시 홈즈와 제임스는 마주하게 되었다.

"제임스씨. 저는 제임스씨가 풀려날 수 있는 증거를 확보했습니다. 지금 제임스씨가 하고 있는 선택은 제가 제임스씨라 해도 그렇게 했을 선택이지요. 저는 당신의 용기에 대해 감탄하고 있습니다."

제임스는 잠시 불안한 표정을 지었다가 얼굴에서 표정을 지웠다.

"셜록 홈즈씨. 저는 당신이 무슨 말을 하시는지 모르겠습니다. 제가 아버지를 죽였습니다. 그만 돌아가시지요. 저는 더 이상 할 말이 없습니다. 제가 제 입으로 아버지를 죽였다고 말하는데 왜 타인인 홈즈씨가 아니라고 말하시는 건지 도무지 모르겠군요. 안녕히 가십시오."

제임스는 빠르게 말을 내뱉고는 고개를 돌렸다.

홈즈는 대화를 포기하고 나오면서 제임스에게 한 마디를 남겼다.

"로즈양도 그렇게 생각하는지 궁금하군요."

홈즈는 주머니에 한 손을 꽂고 파이프를 물고 걸어갔다. 그리고는 여관으로 들어섰다.

"왓슨, 나는 지금 로즈양의 집으로 가 볼 거라네. 동행하겠나?"

"그러지. 로즈양이 무척 걱정하고 있을 걸세."

둘은 대화를 나누며 걸어갔다.

로즈는 둘을 어제처럼 반갑게 맞아주었다.

"왓슨, 정말 미안하지만 여기서 좀 기다려 주겠나? 로즈양과 둘이서 얘기를 나누고 싶네."

“알겠네. 그럼 여기 있겠네.”

왓슨은 서운한 표정을 애써 감추었고, 홈즈는 왓슨에게 미안한 얼굴을 하고 로즈의 방으로 들어갔다. 홈즈는 로즈가 들어오자, 표정을 지웠다.

로즈가 권한 의자에 앉자마자 홈즈는 예의 그 날카로운 눈빛으로 로즈를 바라보았다.

“로즈 터어너양. 왜 맥커어디씨를 죽였지요?”

로즈는 얼굴이 하얗게 질려버린 채 뒷걸음질치기 시작했다.

“…네? 아니에요. 아니에요! 맥커어디는 제임스의 아버지라구요. 제가 왜 맥커어디씨를 죽였겠어요?”

홈즈는 눈빛을 약간 부드럽게 바꾸었다.

“저도 그것이 궁금했습니다. 로즈양과 제임스가 결혼하면 시아버지가 될 텐데 왜 맥커어디씨를 죽였는지.”

“저는 아니에요! 제가 죽이지 않았다구요.”

로즈는 얼굴을 붉히며 외쳤다.

“어제였지요. 저와 왓슨이 로즈양의 집에 방문했던 것이 저는 현관에서 로즈양의 구두에 진흙 같은 것이 무척 많이 묻어 있는 것을 보았지요. 이 근처엔 신발에 흙을 묻히면서 숙녀가 걸어야 할 만한 곳은 없더군요. 더군다나 요 며칠간 본머스의 날씨는 무척 맑았구요. 그러니 비 때문에 진흙이 생길 일은 없었지요. 그래서 저는 화장실을 잠시 다녀온다고 한 후 그 진흙을 떼어내 보관해 두었습니다.”

홈즈는 말을 잠시 멈추고 자켓에서 비닐 두 개를 꺼내들었다.

“왼쪽이 로즈양의 신발에 묻어 있던 것이고, 오른쪽 것은 보스콤 늪지의 진흙입니다. 흙은 거짓말을 하지 않는 법이지요. 둘은 같은 흙입니다. 그리고 또 하나,”

홈즈는 다른 주머니에서 반짝이는 무언가를 꺼냈다.

“이 머리핀, 로즈양의 것이지요.”

홈즈는 머리핀을 로즈쪽으로 밀어 보여주었다.

로즈는 체념한 듯이 고개를 숙였다.

“처음에는 모두 그 머리핀이 경비원 모오란씨의 딸인 제인의 것이라고 여겼지요. 맥커어디가 죽은 것을 보고 놀랐을 때 떨어뜨렸을 것이라고 생각했었습니다. 모오란씨 마저도 제인이 그 핀을 하고 있는 것을 본 것 같다고 했었습니다. 그렇지만 이 핀은 경비원의 딸이 가지고 있기에는 매우 값비싸고 고급스러운 것이었지요. 그리고 결정적으로 이 머리핀은 제임스가 로즈양에게 선물로 준 것이 아닙니까? 저는 오늘 아침 잡화점에 들러 제임스가 로즈양의 생일에 선물로 주기 위해 약 두 달 쯤 전에 사갔다는 것을 확인하고 왔습니다. 로즈양, 이제 모든 것을 말씀해 주시지요."

로즈는 눈물을 흘리며 얘기를 시작했다.

"저의 아버지는 영국에 건너오기 전 오스트레일리아에 있을 때 맥커어디씨의 하인이셨어요. 맥커어디씨는 악질 지주로 하인들을 몹시 괴롭혔습니다. 시간이 지나면서 맥커어디 집안은 점점 몰락했고, 하인들은 모두 도망쳐 다른 지방이나 나라로 떠났습니다. 아버지도 그 중 한 명이셨습니다. 아버지는 뛰어난 손재주를 가지고 있으셔서 작은 목공소로 시작했지만 곧 본머스에서 가장 큰 목공소를 가지게 되었어요. 영국으로 건너오신지 얼마 되지 않았을 때 아버진 어머니를 만나셨고 결혼해 저를 낳으셨지요. 그런데 이 곳에서 예전의 지주였던 맥커어디씨를 만난 거에요."

로즈의 목소리는 점점 높아져갔다.

"맥커어디씨는 아버질 협박했어요. 하인이었다는 것을, 천한 신분이었다는 것을 모두에게 알리겠다고요. 아마 아버지는 혼자였다면 그런 더러운 협박에 굴복하지 않으셨을 거에요. 그런데 비겁하게도 맥커어디씨는 저와 어머닐 들먹였어요.

아버지가, 남편이 하인이었다는 것을 알게해도 좋겠냐구요. 그래서 아버지는 저와 어머니 모르게 맥커어디씨가 해달라는 대로 다 해주시기 시작했습니다.

집을 지을 땅도 주었고, 농장도 빌려주었어요. 그렇지만 맥커어디씨의 요구는 그칠 줄 몰랐습니다. 아버지는 저와 어머니가 과거를 알게 될까봐, 그리고 맥커어디씨의 요구를 들어주느라 엄청난 스트레스를 받으셨어요. 맥커어디씨는 술만 취하면 저희 집에 찾아왔습니다. 그리고는 늘 아버지를 조롱하는 말투로 '고귀하신 하인씨(Mr.noble servant)' 라고 불렀어요. 아버지는 무슨 뜻이냐고 제가 물어볼 때마다 얼버무렸습니다.

그런데 저는 어느 날 밤, 우연히 맥커어디씨와 아버지의 대화를 듣게 되었어요. 맥커어디씨는 아버지에게 아버지가 어떤 행동을 하더라도 하인이었다는 것은 변하지 않는다고 하며, 제가 듣고 있는 줄도 모르고 마구 이야기했었지요. 아버지는 아직도 제가 아버지의 과거에 대해 아무것도 모르는 줄 알고 계십니다. 저는 그 이후로 맥커어디씨를 뱀보다도 싫어하게 되었습니다. 아버지가 맥커어디씨 때문에 힘들어 하는 것을 바라보는 것은 저에게도 고통이었습니다."

로즈는 잠시 말을 멈추고 숨을 가다듬었다.

홈즈는 아무 말도 하지 않은 채 그저 로즈의 말을 가만히 들으며 간간이 고개를 끄덕이곤 했다.

로즈는 다시 말문을 열었다.

"제가 아버지의 옛날 신분을 부끄러워하는 것은 아니에요. 아버지가 옛날에 어떤 사람이었든, 어떤 일을 했든 제가 가장 사랑하고 존경하는 아버지시니까요. 저는 아버지께 제가 알고 있다는 것을 말씀드리고 싶었지만, 아버지는 이 때까지의 스트레스로 병을 얻어서 몹시 약해지셨습니다. 그래서 제가 알고 있다는 것을 알게 되면 충격을 받아 병이 더 악화되실까봐 두려웠어요.

그런데 이 주일쯤 전에 맥커어디씨가 아버지께 보낸 편지가 왔어요. 아버지는 마침 목공소에서 돌아오지 않았을 때여서 저는 몰래 뜯어 보았습니다. 그 편지에는 이렇게 적혀 있었어요. 보스콤 늪지로 다음 주 수요일인 X일 X시에 나오라구요. 제임스와 저를 결혼시키든, 목공소를 넘기든 둘 중 하나를 선택하라고 적혀 있었습니다.

저는 아버지께 편지가 왔다고 말씀드리지 않았습니다. 그 대신 제가 거기에 나갔습니다. 맥커어디씨는 오기 전에 술을 마신 것 같았어요. 맥커어디씨는 저를 보자 입에 담을 수 없는 욕을 하기 시작했어요. 저는 아무런 대꾸도 않은 채 있었지요. 그러자 맥커어디씨는 아버지에 대해 이야기하기 시작했습니다. 자신이 오스트레일리아에 있었을 때 아버지가 어땠는지를 조롱했어요.

저는 더 이상 참을 수가 없었습니다. 저에 대해 무어라 얘기하던 그건 개의치 않았어요. 그렇지만 맥커어디씨 때문에 평생을 힘들어하신 아버지를 욕보이는 일은 도저히 참을 수가 없었습니다.

죽었으면 좋겠다는 마음은 있었지만, 죽이려고 그런 건 아니었어요. 그저 억울하고 분한 마음으로 집어던졌을 뿐이에요. 그런데 돌은 맥커어디씨의 뒤통수에 정확히 맞았고 맥커어디씨는 그대로 쓰러졌어요. 저는 깜짝 놀랐고, 무서워서 어쩔 줄 몰랐습니다. 그런데 그 때 제임스가 나타났어요. 제임스는 부들부들 떨고있는 저와 쓰러져있는 맥커어디씨를 번갈아 보고는 모든 것을 알아차렸습니다. 제임스는 아무 말도 하지 않고 저를 집으로 돌려 보냈어요. 저는 집에 도착해 제 방 안에서 꼼짝않고 앉아 있었습니다. 핀이 없어졌다는 것은 오늘 아침에 왓슨씨가 저희 집에 와서 어제 늪지에서 머리핀을 발견했었다고 말을 해주셔서 알았어요.

저는 맥커어디씨를 죽였다는 것과 제임스가 그걸 봤다는 것만 생각하고 있었지요. 그런데 그 때 저희 집 하인인 크로우더가 들어와서 제게 말했어요. 제임스가 맥커어디씨를 죽여서 지금 체포되어 갔다구요. 저는 어떻게 해야 할지 몰랐어요. 맥커어디씨가 죽은 게 저와 저의 아버지에게는 좋은 일일 거에요.

아버지는 더 이상 협박에 시달리지 않으실테고, 저는 괴로워하는 아버지를 더 이상 보지 않아도 되겠지요. 그렇지만 제임스는 어떻게 생각할까요. 제임스는 맥커어디씨가 어떤 사람인지 잘 모릅니다. 그냥 좋은 아버지인 줄로만 알고 있어요. 맥커어디씨에 대해 아무것도 모르는 제임스는 아직도 절 사랑할까요? 홈즈씨, 저는 재판에 가게 되겠죠? 그렇다면 두 달만 기다려 주세요. 제임스의 재판은 두 달 뒤에 다시 열린다고 했어요. 의사 선생님이 말하시길 저의 아버지는 한 달을 채 못 넘기실 거라고 하셨어요. 아버지가 돌아가시기 전에, 딸이 살인자가 된 모습을 보여드리고 싶지는 않아요. 그냥, 아버지의 오랜 짐이었던 맥커어디씨가 죽게 되어 편안한 마음일 때 보내드리고 싶어요."

로즈의 긴 이야기는 끝이 났다.

울음 소리에 묻혀 간혹 잘 들리지 않는 부분들도 있었지만.

"로즈양, 저는 경찰이 아닙니다. 꼭 로즈양을 체포해야하는 이유는 없죠. 저는 심장을 가진 사람이고, 그래서 저는 로즈양의 심정이 이해가 갑니다. 저의 의뢰인은 로즈 터어너양이었고, 의뢰는 잘 해결되었습니다. 로즈양. 맥커어디씨에 대해서는 제임스에게 제가 말씀드리도록 하겠습니다. 다만 방금 로즈양이 한 이야기로 고백서를 써 주시겠습니까? 그 뒤의 일에 대해서는 로즈양의 판단에 맡기겠습니다. 현명한 판단을 하실 것이라고 믿습니다."

홈즈는 모자를 집어들고는 밖으로 걸어 나갔다. 왓슨이 아래에 기다리고 있었다.

"홈즈, 어떻게 된 건가? 둘이서 무슨 얘기를 했나?"

왓슨은 궁금증에 찬 얼굴로 계속 질문을 홈즈에게 던져댔다. 홈즈는 빙긋이 웃으며 입을 열었다.

"로즈양의 의뢰가 해결되었다네."

"뭐? 범인이 정말로 제임스가 아니란 말인가?"

"늪지에서 발견한 머리핀, 기억나는가?"

"당연히 기억나고 말고지. 어제 내가 발견한 것인데 그걸 잊을 리가 있는가? 그건 경비원 딸, 제인의 것이었잖나? 제인이 죽였단 말인가? 무슨 이유로?"

왓슨의 말에서는 물음표가 떠나지 않았다.

"로즈의 것이었다네."

홈즈는 성큼성큼 걸어 왓슨을 앞질러 나갔다.

"로즈의 것이라고? 뭐? 그렇담…?"

왓슨은 무엇인가 깨달은 얼굴로 고개를 들었다.

"이보게 홈즈! 기다리게! 같이 가자고"

홈즈는 하숙집에 앉아 왓슨에게 이야기를 시작했다.

"맥커어디가 죽을 때 마지막으로 남긴 말을 기억하나?"

"번트(burnt). 그건 맥커어디가 죽기 전에 환각을 본 것이라고 하지 않았었던가?"

"아닐세 왓슨, burnt가 아니라 vant였다네."

"vant라니?"

"로즈에 따르면, 맥커어디는 평소 술에 취하면 터어너를 이렇게 불렀다고 하네. 고귀하신 하인님(Mr. noble servant)이라고 말이지. 아마 끝부분만 들려서 그런 일이 일어난듯 하네."

"아! 그랬었군."

왓슨은 이제야 모든 것을 알게 되었다.

"그렇다면 제임스는 어떻게 되는 것인가?"

"제임스에게는 오기 전에 내가 편지를 썼다네. 제임스는 아직도 로즈를 사랑하고 있어. 아마도 로즈는 아버지가 세상을 떠나게 되면 자수할 걸세. 이제 증거는 필요없을 테니 이것들은 모두 자네에게 건네주지. 맥커어디가 터어너에게 어떻게 해 왔는지 판사가 알게 되면 충분히 참작이 될 거야. 로즈와 제임스가 결혼하게 되면 참 아름다운 한 쌍이 될 것 같지 않은

가?”

대화를 마치고 홈즈의 눈에 비친 것은 고개를 끄덕이며 홈즈를 친근하게 바라보고 있는 왓슨이었다.

점점 홈즈의 시야는 빠르게 어두워져 갔고, 아무것도 보이지 않는 잠깐을 거쳐서.

홈즈는, 아니 그녀는 그녀의 방으로 돌아왔다.

그녀는 꿈을 꾸었다고 생각했다.

시계바늘은 아직 네시 이십일 분을 가리키고 있었다.

무척이나 긴 꿈을 꾸었다고, 정말이지 진짜 같은 꿈이었다고 그녀가 생각하면서 다시 침대로 걸어갈 때 그녀는 책상 위에 놓인 종이를 발견했다.

셜록 홈즈의 명함과 아무것도 쓰여있지 않은 채 흐트러져 있는 여섯 장의 종이들.

그녀는 그제서야 꿈이 아니었다는 것을 깨달았다.

그녀는 홈즈 대신 해결해낸 사건을 떠올리며 뿌듯한 미소를 지었다.

레스트레이드 경감이 돌아가라고 했었지만 결국은 그녀의 방식대로 추리해 나간 것, 왓슨과 동행하며 증거를 수집해나간 것들.

그녀의 머릿속에서 사진들처럼 한 장 한 장 기억이 넘겨지고 있었다. 그러다 아무것도 쓰여져 있지 않은 종이들에게 생각이 이르렀다. 그녀는 종이에 얼굴을 바짝 대고 훑어보았지만 여전히 종이는 하얀 백지 그대로였다. 고개를 갸우뚱하며 그녀는 종이를 들고 스탠드 불빛에 기울여 보았다. 그러자 의미 없는 단어들이 잔뜩 나타났다. 다시 잘 살펴보니, 각 장마다 뒷면에 사람의 이름이 쓰여져 있었다.

아무 관련도 없어 보이는 여자이름들.

그녀는 잠시 들여다보고는 홈즈의 사건에 등장하는 인물이라는 것을 이내 알아차렸다.

아이린 애들러. 헬렌. 메어리 모스턴. 프랜시스 카팍스. 브렌다 트리제니스. 모오드 벨라미.

그녀는 그 인물들이 등장하는 사건을 적어내려가 보았다.

보헤미아의 스캔들. 얼룩무늬 끈. 네 개의 서명. 프랜시스 카팍스의 실종. 악마의 가스. 사자의 갈기.

제목의 ABC 순서일까?

그녀는 ABC 순서대로 종이를 포개어 스탠드 불빛에 비추어 보았지만 알 수 없는 단어의 나열만 나타날 뿐이었다. 그녀는 다시 생각을 거듭했다.

ABC 순서가 아니라면, 사건이 일어난 연도일까?

그녀는 사건집을 펴들고 연도별로 하나씩 정리해나갔다.

얼룩무늬 끈 1883년, **보헤미아의 스캔들** 1887년, **네 개의 서명** 1888년, **악마의 가스** 1897년, **프랜시스 카팍스의 실종** 1902년, **사자의 갈기** 1909년

다시 그 순서대로 종이를 포개어 스탠드 아래에 갖다대자 글자가 나타났다.

또다른 나에게

나를 만나뵙게 되어서 영광이었습니다. 당신은 돌아오지 않을 것을 알기에, 여섯 마리를 날려보냅니다. 당신이 신음하는 소리가 들리는 듯하군요. 그렇지만 당신이라면 힘들이지 않고 이것을 읽고 있을것이라 생각합니다. 당신은 나이고, 나는 당신이기 때문이지요. 역사가 증명하듯 위대한 시간은 우리의 뛰어남을 온 세계에 보여줄 것입니다. 당신의 보물들은 당신의 시대에 당신에 의해서 빛을 발할 것입니다. 그것들은 지구의 중심에서 왔습니다. 아니, 우주의 중심으로부터 왔지요. 당신이 태어나기 이전부터 당신을 위해 준비되었던 것입니다. 천년. 심지어 또 다른 천년 전부터 말이죠. 그건 "추리"라고 불리지만 사실 과학에 가깝습니다. 당신은 잘 할 수 있을 것이라 믿습니다. 내가 그랬듯이 말입니다.

당신은 성공할 것입니다.

그러면 이만,

행운을 기원하며 셜록 홈즈-당신의 또다른 당신으로부터

그녀는 편지를 소리내어 끝까지 다 읽었다.

그리고 정확히 5년 후, 그녀는 경찰 제복을 입은 채 웃고 있었다.

그녀는 뛰어난 수사력과 현장을 누구보다도 먼저 찾아다니는 부지런함으로 누구에게나 인정받는 유능한 경찰이었다. 그녀는 '강예홍' 이라는 이름보다 '한국의 셜록홈즈' 라는 별칭으로 더 자주 불리웠다.

어느 날,

"과장님, 연쇄 살인 사건인 것 같습니다!"

사건과 관련해 기자 회견이 열리던 날, 그녀는 수백 개의 카메라 앞에 마이크를 잡고 앉아 있었다.

한참동안 질문공세가 이어졌다.

"현재까지의 수사는 얼마나 이루어진 상태입니까?"

"왜 공개수사 대신 비밀 수사를 선택했습니까?"

"앞으로의 연쇄 살인범의 행로는 어떠할 것이라 예측하고 있습니까?"

"또다른 피해자가 생길 것이라고 생각하십니까?"

"연쇄 살인범의 신변에 대해서 어느 만큼 알아낸 상태입니까?"

"체포하기까지의 시간은 얼마나 걸릴 것이라고 예상하십니까?"

그녀는 차분히 수사과정과 현재까지의 결과 등을 공개했다.

한참의 시간이 흐르고,

"더 이상의 질문은 받지 않도록 하겠습니다. 수고하셨습니다."

자리에서 일어난 그녀는 눈이 부시도록 플래시를 터뜨리는 수백 개의 카메라를 뒤로 한 채 걸어나갔다. 건물 밖으로 나가던 찰나였다.

그 때 누군가가 그녀를 불렀다.

"저… 강예홍씨?"

그녀는 뒤도 돌아보지 않은 채 앞으로 걸어나가며 말했다.

"더 이상의 질문은 받지 않는다고 했습니다만,"

그렇지만 그 누군가는 끈질기게 그녀를 불러세웠다.

그녀는 할 수 없이 고개를 반쯤 돌렸다. 그러자 그 누군가는 다시 입을 열었다.

"한국의 저를 찾으러 왔어요."

epilogue

저는 어릴 적부터 '셜록 홈즈'를 무척이나 좋아해 왔습니다. 무심코 지나쳐버리는 사소한 것에서 홈즈는 단서를 찾아냅니다. 그리고 사건 현장에 있었던 것 마냥 사건을 재구성해나가지요.

그런 홈즈를 읽으며, 저는 한국의 셜록 홈즈가 되고 싶다고 생각해왔습니다.

이 책은 저의 그런 꿈을 반영한 책입니다. 이 책에서 저는 그 동안 동경해 왔던 셜록 홈즈가 되어 볼 수 있었습니다.

여기에 등장하는 본머스에서의 살인 사건은 셜록 홈즈 시리즈 중 '보스콤 계곡의 괴사건'을 모티브로 삼은 것입니다.

셜록 홈즈 원작의 기본적인 인물 설정만 따왔고 추리 과정이나 증거물 등은 미숙하나마 제 나름대로 창조해 냈습니다.

정말로 한국의 셜록 홈즈가 되어 사건을 해결한 것이지요. 미흡하지만 한 사건을 해결했다는 것에 저는 뿌듯함을 느낍니다.

저의 오랜 꿈인 경찰이 된 강예홍도 잠시 만나 볼 수 있어서 참 좋았습니다. 시간이 흐르면 더욱 더 신념있는 경찰의 모습을 가진 강예홍이 될 수 있겠지요.

5년 뒤, 늦어도 10년 뒤에는 소설 속의 저처럼 한국의 셜록 홈즈가 되어 다시 돌아오겠습니다.

강예홍/alter ego

13 서주은 The memory of 2008

수없이 많은 경계의 흐름을 따라가던
지나간 시간들은 어디 있을까?

이 시간이 지나가면
방금 전까지만 해도 내가 위치하고 있던 자리는
허물어지고 새로운 경계가 생겨버려
마치 중앙아시아의 풀 한 포기 없는 사막처럼
한 발짝 딛기도 어려운 그 곳에서

기어다니는 유충

슬픈 일이다. 갑자기 그런 생각이 들었다. 참으로 부족한 우리말 어휘라는 생각을 하며 내 생각을 그런 문장으로 밖엔 말할 수가 없는 것 또한 참— 슬펐다. 그 색깔이 참 슬펐다. 무엇이 그 색깔을 참 슬프게 했냐면 '벽' 이다. 단순한 가정집 벽.

금간 것도 아니었고 70은 더 되보이는 늙은 할머니가 헐벗고 있는 풍경도 아니었다.

그냥 벽이었을 뿐인데도 슬펐다. 더 자세히 말하자면 회색벽이다. 촌스러운 회색도 아니었고 그냥 크레파스 '회색' 의 그 회색빛이다. 심미안에 어긋나서 슬퍼 보이는 게 아니었다. 내가 그 벽을 바라보고 있는 장소는 교실이다. 하나도 슬프지 않는 나머지 서른세 명이 앉아서 어제 무엇을 보았다느니, 어제 무엇을 들었다느니 하고 하나도 슬프지 않은 이야기를 하고 있다. 그리고 교탁 옆에 있는 TV에서는 나라의 방침인지 무슨 교육을 하고 있고—물론 하나도 슬픈 교육은 아니다—선생님은 무심하게 학기말 무슨 공문을 정리하고 계신다. 물론 선생님의 표정도 슬프지 않다. 내 주변의 감정에 휘말려서 슬프다는 것은 확실히 아니다. 그리고 어제 밤 꿈이 슬픈 내용이 아니었던 것 같고—기억이 나지 않아—어제도 그저 그런 날 이었다. 그런데도 그 벽이 슬펐다. 그 회색벽 밑으로 간간히 지나가는 아줌마들이나 할머니들은 굉장히 빠르다. 자세히 살펴보려고 하면 지나가 버린다. 그리고 그 뒤쪽에 있는 지붕에 풀 이 자라는 집도 그 앞에 있는 긴 창문 집도 빠르다. 살펴보려 하면 지나쳐버린다.

돌아서서 유충을 밟아버린 사람

슬픈 상태로 무언가를 읽는다는 것은 최악이다. 어떠한 것이든 내용이 슬프게 변한다. 예를 들면 아무짝에도 의미 없는 광고문을 읽어도 갑자기 울음이 나는 것이다. 그리고는 이상한 말을 하게 한다.

이 광고 너무 슬퍼. 그리고는 인식된다. 이 광고는 너무 슬프니까 이 집은 나쁜 집이야. 어머 자장면집이네. 이집 자장면은 맛없을 것 같아.

서주은/The memory of 2008

최악의 상태로 교과서를 읽었다. 아마 공부해야 한다는 강박관념이었던 것 같다. 읽는 순간 교과서가 슬퍼졌다. 온갖 글자들이 슬퍼졌다. 영희가 육면체의 주사위를 던졌다. 사면체의 주사위는 상처받았겠지. 혼자 남겨졌으니까. 그 혼자 남겨진 외로움을 영희는 모르는 체하고 있어. 영희는 여태까지 한 번도 혼자 남겨진 적이 없었을 거야. 나쁜 영희 같으니라고. 그래서 그 주사위는 일에서 육까지 던져짐을 당했구나. 그럼 칠에서 무한대까지의 숫자들 중에 일에서 육까지의 숫자가 뽑혔으니 걔네들은 다른 숫자들이 몹시 보고 싶을지도 몰라.

그래서 나는 영희를 저주하면서 복도를 걸었다. 창 밖으로 보이는 휑한 운동장을 누군가 가로질러 걷고 있었다. 누구인지는 모르겠지만, 사실 관심도 없다. 그리고 누군가는 매점에서 무언가를 사먹고 있었다. 매점은 거의 사각지대에 위치하고 있어서 몸을 길게 빼지 않으면 보이지 않는다. 좀 짜증이 났다. 내가 아무도 모르는 누군가를 보기위해 내 몸을 이렇게 창 밖으로 밀어내다니. 차라리 누군가 내가 아는 사람이 보였다면 좋았을 텐데. 아니야. 안 보이는 게 좋은 사람도 있어. 이런저런 생각을 하며 창틀을 잡았는데, 우리학교의 교조인 비둘기가 어떤 짓거리를 해놓은 것을 만지고 말았다. 이런 것을 우리학교를 대표하는 것으로 삼다니, 너무 어울리잖아. 속으로 엄청 욕을 퍼부으며 화장실로 돌아선 순간 매미 유충으로 보이는 신기한 벌레는 내 발 밑에 깔리고 말았다.

밤의 이야기

사람들은 어두운 것을 꺼린다. 나도 어두움 자체를 즐기지는 않는다. 예를 들자면 항상 잘 때는 나이트 라이트를 켜놓고 잔다. 진초록색 등(아이리쉬 스타일이라고 생각하지 말자. 하얀 등인 줄 알고 샀다.)으로 이렇게 요즈음은 어두움의 경계를 인공적인 밝음으로 대치해 버린다. 칠흑 같은 밤이란 말은 정말 오래 전 표현인건지 도시에서의 밤은 밝기만 하다.

옛날의 밤은 '성역' 같은 이미지였다. 아무도 건드리지 않는 태고의 비밀을 그대로 가지고 있는 곳. 말 그대로 태고의 사람들이 가끔 불쑥불쑥 드나드는(귀신 말이다 귀신) 그런 알아서도 안 되고 알아도 이상한 그런 곳. 그래서 우리네 민담이나 서양민담에 보면 자주 밤에 어떤 사악한 일을 벌이려다가 벌 받은 이야기가 나온다. 그런 만큼 밤에는 어떤 나쁜 일하기 좋은 느낌이 있다. 공기조차 낮보다는 조금 더 장난스러움이 느껴진다.

밤이면 말이야, 알 수 없는 흥분 같은 기묘한 일렁임이 대지로부터 스멀스멀 올라오는데 그 올라오는 느낌과 심장 박동이 일치할 때면 머릿속은 악보들로 가득 차. 밤에 들려오는 모든 잡다한 소리들은 음악으로 다가온다고. 도시의 밤이 만들어내는 음악은 야간 자율학습에도 미술 입시 학원에도 끊임없이 들려오는데, 그들은, 아직은 소나타를 마칠 때가 아니야. 이 소리를 조금 더 들어봐. 이 정도면 교향악으로 써도 되겠지? 오토바이의 호른소리를 들어봐. 사람들의 걸음마다 음색이 모두 다르지. 저 사람은 도 샤프. 저 사람은 라 내림표. 하지만 모두 바빠. 그래서 프레스토로 하자. 아니, 휘몰아치니까, 템페스토가 연상되지 않아?

낮의 이야기

어디선가 방울 소리가 들린다. 시간은 아홉시쯤 되었을까? 아니, 세시쯤 되었을까? 모르겠다. 비 내리고 난 후의 하늘을 보고선 시간을 짐작할 수 없다. 하얀색 순백의 커다란 짐승의 날개를 덮어놓은 것 같다. 길거리의 나뭇가지들은 하늘의 흰빛과 선명한 대조를 이루며 가지 하나 하나를 새겨넣는다.

젖은 나무 냄새는 내가 가장 좋아하는 냄새.
또 다시 방울소리가 들린다.
방울소리는 허공을 가로지른다.

낮이 가질 수 있는 나른함은 빗방울소리에 잠긴다.
모든 것이 팽팽한 긴장감에 감싸여 있다.

물방울이 창문을 때리는 소리가 거세어질수록 신경은 날카로워진다. 꼭 베토벤의 푸가—

날카로운 현악기의 선율로 내장을 긁는 —를 처음 들었을 때의 느낌.

락 용어로 '스크리밍' '샤우팅' 정도의 소음이다.

듣고 싶지 않아.

그것도 잠시. 빗방울소리는 점점 사그라지고.

어디선가 아련한 방울소리가 들린다.

아무도 모르는 어떤 다른 존재가 내는 소리일 것이다.

물소를 타고 타박타박 이틀을 걸어야 도착할 수 있는, 사자(死者)도 아무 것도 모른 채 반나절을 걸어 다닐 수 있는, 그런 곳일까?

그 곳은 하루 종일 새벽녘처럼 흰색 하늘이 있는 곳일지도 몰라. 그래서 이런 비오는 날 낮에는 그런 곳의 존재들도 여기에 한번쯤 와보는 것일지도 모르겠다. 방울을 매단 검은 색 물소를 타고 한 손에는 젖은 나무향초를 들고서.

안녕하세요? 여기는 부산입니다

신발을 신거나 양말을 신는 건 싫다. 어릴 적에도 누구 집에 가든지 양말을 벗어서 혼나곤 했었다. 차가운 바닥에 맨발을 댈 때의 아릿함이 좋다. 곧 발이 얼어 아프기는 하지만.

시월의 바다는 차가웠다. 광안리해수욕장은 장사치와 놀러 나온 아이들, 조금 상태가 좋지 않아 보이는 고등학생들, 할 일 없어 보이는 늙은이들만 제외하고는 한산했다. 바라던 바다 예술제는 보지 못했지만 바다는 역시 기분 좋은 곳이다. 연한 하늘색 두 개가 맞닿아 있는 바로 그 포인트를 광안리대교가 가로막고 있었다.

오늘 같은 날은 인어가 나올까? 요즈음은 인어도 해양오염 때문에 철갑으로 된 산소통을 메고 몹시 고통스러운 나날을 보내고 있겠지. 안개가 자욱하다. 아까 본 영상들이 귓가에 울린다.

현대미술은 볼 때는 참신한 발상력 때문에 즐거운데 뒷맛이 찝찝하다. 허튼 짓하다가 들킨 기분이라고 해야 할까. 생각만 할 때는 그 정도로 심각하지 않았던 것들이 시각화되면서 광장한 사실성을 가지고 뛰어온다. 넘실대는 파도 조각 중 하나가. 두 손 가득 차가워 보이는 웃음을 안고서 전속력으로.

수평선은 보는 사람에 따라 높이가 다르다

젖었다(한숨, 한숨). 발에 걸린 해초를 뜯어냈다. 비릿한 바다냄새. 바닷가를 걷다보면 공간에 흐름이 생긴다. 몇 분 전에는 내가 저기 방파제 근처에 있었고, 지금은 여기 망가져가는 조각난 배 옆에 있고, 앞으로 몇 분 뒤에는 내가 저 멀리 하얗게 보이는 해안 근처에 있을 것이다. 서서히 그 곳으로 발걸음을 옮기면서 흐름을 따라 걷는다. 걷는다는 것을 의식하다보니 걸음걸이가 이상해진다. 바다 위의 안개 사이로 반짝하는 물결이 보인다. 물결일까? 가까이 가서 봤더니 홍합 뒷면의 반짝거리는 면이었다. 그러나 다시 파도가 몰려와 뒷걸음질 친다.

데미안 허스트의 작품을 보고 싶었는데. 우연히 만난 일본작가와의 만남은 의외였지. 내가 그의 작품을 별로였다고 말한 것만 제외하고는. 영상 작품들도 재미있었어. 정치적인 사실들을 풍자한 것이나 촛불소녀에 대한 작품도 있었는데, 유명 연예인 얼굴에 대통령 얼굴을 넣은 것은 너무 많이 봐서 날짜 지난 음식 같은 느낌이었지만. 물방울 떨어지는 소리가 들리던 전시관도 흥미로웠지. 아무도 없어서 무서웠거든.

죽음을 생각하라

죽음

죽음

죽음

어떤 것의 창세기

그건 무슨 냄새냐고?

음, 이 냄새를 나는 초등학교 때 처음 알았어.

있지, 곤충이 죽으면 풀냄새가 나. 산뜻한 냄새.

그런데 동물이 죽으면, 그 냄새가 나.

학교 앞에서 파는 300원짜리 병아리는 잘 안 죽지.

그런데 150원짜리 메추라기는 쉽게 죽어.

파는 데도 서너 마리씩 죽어나가거든.

그런데도 아이들은 아이들이니까,

'귀여운 것' 을 조금 더 볼 수 있다는 마음에 사 가.

잔인해. 아이도 역시, 인간인 걸까.

그런 거 파는 아줌마는 죽은 것들은 더 싸게 팔아. 하나에 50원씩.

우리 반 어떤 아이 하나가 그걸 사선 꼭 나에게 주곤 했어.

'선물이야'

그 메추라기에게서 나는 냄새가 생각나.

내가 죽어도 그 냄새가 날까?

선물 같은 냄새였는데 말이야.

그 일의 계기

글자를 오래 보고 있으면 글자 하나하나가 떨어지면서 '이런 게 모여서 이런 뜻을 만들어 내는구나' 하고 신기해진다. 그 책을 너무 많이 읽었거나 내용이 너무 재미없으면 문장에서 단어로 단어에서 훈민정음 단위로 떨어지기 시작한다. 신기하다. 그러나 그런 신기함을 느낄 즈음이면 이미 글에서의 흥미는 없다. 별생각없이 책을 덮으려다 책 속에서 낙엽이 나왔는데 하필이면 기분이 좋지 않았을 때의 기억을 떠올리게 하는 것이다.

그러나 나는 매우 착한 사람이므로 낙엽에게 화풀이를 하지 않고 도로 끼워넣은 후 주위를 돌릴 심산으로 엠피를 재생시켰다. 88.5에 맞춰진 라디오에서는 미국인들이 중얼거리고 있었다. 예상대로. 그리고는 내가 알지도 못하는 가수의 알지도 못하는 곡들을 "네 손에 땀을 쥐게 할 음악입니다"라고 소개한 후 틀어주었다. 물론 내 손에선 땀 한 방울 나지 않았고 당연히 노래에 쓰릴 따위 있을 리가 없다. 목가적인 기타소리와 내가 가장 싫어하는 '힘 잔뜩 들어간 허스키 보이스'를 가지고 있는 남자의 노래는 정말 환상적이었다. 엠피 안으로 뛰어들어가 이 얼굴 모르는 남자의 기타를 산산조각내는 상상을 하면서 어떤 것을 떠올리려고 애썼다.

내가 방금 전까지 무언가를 하려고 계획하고 있었는데. 하지만 엉뚱한 생각이 원래 하려고 했던 생각을 지워버렸다(남자를 죽여 남자를 죽여). 무의식적으로 의자에 발을 비비면서 턱을 괴고 있던 나를 발견하고는 깜짝 놀랐다. 오늘 열두시에 봐야할 프로그램이 있었지! 그것을 적어놓은 달력은 어디 있을까? 책상 위에 있던 달력을 집어들었지만 이 달력이 아니었다. 아, 그 달력 위에는 내가 하려던 먼저 번의 일이 적혀있었다. 별사탕 사러 가야 겠어.

그 일의 결과

좋아하는 작가가 쓴 책 중에 이런 대목이 있었다. '소녀들의 행동만 자세히 보면 그들이 원하는 것은 쉽게 알 수 있다. 별사탕. 그 일은 계기가 되어 온 거리의 소녀들은 별사탕을 먹고 있었다. 별사탕이 오도독 오도독 씹히는 소리는 마치 소녀들이 온 세상을 오도독 오도독 씹는 소리 같았다.' 왜 이 대목이 기억나는지는 모르겠지만 이 책을 읽고 나서부터는 별사탕에 뭐 씐 것처럼 찾아 다녔다. 중학교 문방구 앞에는 없다. 고등학교 앞에도 없다. 왜냐, 가봤으니까. 그럼 초등학교? 그럼 어디 있을까? 별사탕이 부수로 들어있는 과자는 많으나, 그건 싫다. 주가 되는 과자는 안 먹고 별사탕만 골라먹으면 왠지 나중에 벌 받을 것 같다. 음식 골라 먹는다고. 중학교 삼학년 때까지만 해도 별사탕은 기다란 플라스틱통에 담겨서 백원 이백원에 사먹곤 했었는데 고등학교에 들어오자 갑자기 사라져 버렸다.

일 년이 지나고 그 다음 일 년이 지나면서 일부러 잊거나 아니면 잊혀진 것들이 있다. 별사탕이라는 것도 그 책을 읽지 않았으면 영원히 내 뒤쪽 뇌 어딘가에 저장되어 있었을 단어였겠지. 어쩌면 별사탕은 내겐 그런 의미였는지도 모르겠다. 잊혀지면 아쉬울 기억해내야만 했던 것. 중학교 때 교복 주머니 안에 있던 파스텔톤의 별사탕을 꺼내서 보풀이 묻었는데도 별사탕을 먹다가 혀에 실이 붙어서 고생했었지. 옆에 있던 민정이랑 경미는 히히덕거리면서 웃었었는데. 지금은 버스로 다섯시간을 가야 만날 수 있는 그 곳에 가버린 그 애들은 기억하고 있을지 모르겠다.

지난 기억 속 파스텔톤의 웃음소리. 나도 잊고 있었는데. 그래. 별사탕을 사러 가자. 노스탤지어의 휘날리는 노란 경사길로 걸어간다.

커다란 푸른 커튼 사이로

가끔, 어떤 색깔을 보면 기억나는 일이 있다.

비둘기의 피를 본적이 있는가?

와인의 색깔을 구분할 때 가장 붉은 와인의 색깔을 흔히 '피죤 블러드'라고 한다. 아마도 크림슨 레이크 정도의 색깔이 아닐까?

내가 쥐 시체 다음으로 많이 본 것이 비둘기 시체다. 초등학교 등굣길, 몇 년을 같은 장소에서 비둘기 시체를 보았는데 신기하게도 그 몇 년 동안 비둘기 시체는 전혀 빛깔이나 그런 것이 달라지지 않은 *싱싱한 청록색 그대로였다.* 그 비둘기는 내가 중학교를 다른 길로 다니면서 자연스럽게 잊혀졌다. 고등학교에 들어와서야 문득 '아, 그때 비둘기는?' 하고 얼마 전에 그 길을 다시 가보게 되었는데, 비둘기 시체가 있던(있었다고 추정되는) 자리에는 파란 대문을 단 양옥집이 있었다. 사실, 그 자리가 맞는지는 나도 잘 모르겠다. 그 근방의 모든 양옥집은 파란 대문이었고, 지은지 꽤 오래되어 보였기 때문이다. 놀라웠다. 놀라움은 사라진 비둘기를 육년 가까이 본 것에 대한 것이 아니라 파란 대문이 끝없이 펼쳐진 것만 같은 골목

길에 대한 것이었다. 진회색 담벼락 위의 갈색 벽돌, 그리고 파란—문양만 조금씩 다른 대문으로 연결된 그 골목은 세월에 방치된 어떤 옛날 유물을 보고 있는 느낌이었다.

또 이런 일이 있었다. 언제부터 인지는 모르겠는데 노란 택시를 세 번 보고 박수를 세 번 치면 원하던 일이 일어난다는 소문이 돌았다. 그 해 수학여행 가던 중 옆으로 노란 택시가 지나갔었는데 누가시킨 것도 아닌데 창가에 앉은 아이 모두 동시에 박수를 '짝' 하고 쳤었다. 나도 창가에 앉은 아이 중 하나였는데, 몹시 섬뜩했던 기억이 있다. 동시에 열 몇 명이 각각 원하는 소원을 빌고 손뼉을 쳤다는 사실이 그 때는 이유도 모르고 왠지 섬뜩했었다.

승자는 역사를 만들고 패자는 전설을 만든다

참 더운 여름이었다. 그러나 여행은 더운 날씨와는 무관하다. 가고 싶으면 떠나야 한다. 한창 더울 7월의 끝날 김해—가야에 갔다. 우리의 옛 역사임에도 불구하고 가야는 많은 역사가들로부터 배재되어 왔다. 삼국의 패권을 잡으려는 순간 광개토대왕에게 전멸당한 비운의 나라였다. 안타까운 만큼이나 김해의 거리, 거리에는 옛 전설이 여전히 살아 있었다.

거북아 거북아
머리를 내어 놓아라
그렇지 않으면 구워 먹으리

이 노래의 본산지인 구지봉 정상에는 돌로 누가 결계를 쳐 놓았다. 거북이 신이라도 나오는 것일까? 구지봉 아래에는 홍살문이 있었다. 수로왕릉은 가야의 궁궐처럼 넓었다. 천년은 더 되어 보이는 숲에는 개미 한 마리 없이, 그 소란스럽던 매미 한 마리 없이 조용했다.

사그락 사그락 어디선가 허황후가 메이드 인 인디아 비단을 끌고 유황으로 된 석탑을 쌓으러 간다. 수로왕은 철가마에서 날씨만큼이나 뜨거운 불길을 헤치고 비늘갑옷을 만든다. 땅은 비옥하고 물고기는 어선마다 한 가득이며 이웃나라로 가는 무역선은 항구에 가득하다.

저마다 가야의 문화를 싣는다. 신라로. 백제로. 일본으로.

양귀비 꽃밭

몇 일 전에 읽은 이야기인데, 어느 나라에서 파티를 열 때 초대받지 않은 손님을 오지 않게 하려고 파티 전에 붉은 양귀비꽃을 문간에 걸어두는 풍습이 있다고 한다. 그 꽃을 본 초대받지 않은 사람의 기분은 어땠을까?

양귀비의 꽃말은 위안이래.
그 붉은 꽃을 찾아 가슴에 달고 이름을 부르면
사랑이 이루어진다는 소문을 믿은 어떤 사람은
산 넘고 강 건너 꽃을 찾으러 갔어.
일생을 바쳐서 그 꽃을 찾으러 다닌 그 사람은
마지막까지 그 꽃을 발견할 수 없었어.
그러나 그 사람의 마음에는
이미 붉은 꽃이 피어 있었다고 해.
단지 그 사람만 몰랐을 뿐.

날 저무는 강가에서

도시는 한산했다. 도시라고 부르기가 민망할 정도로, 여행을 다니면서 마주친 사람들은 드물었다. 김해를 가로지르는 작은 강에도 사람은 없었다. 저녁 산책할 시간이라 사람이 있을 법한데도 자전거를 타고 빠르게 스쳐 지나가는 사람들 밖엔 없었다.

옛 도시에서 노래를 불렀다. 녹색이 가득한 작은 강에서.
리코더나 피리가 있었으면 좋았을 것을.

서주은/The memory of 2008

아 목동들의 피리소리들은 산골짝마다 울려나오고

여름은 가고 꽃은 떨어지니 너도 가고 나도 가야지

저 목장에는 여름철이 오고 산골짝마다 눈이 덮여도

나 항상 오래 여기 살리라 아 목동아 아 목동아 내 사랑아

노래는 조용히 강가에 쌓여갔다. 옛날 가야인들은 이것과는 완전히 다른 노래를 이 강가 위에서 불렀다. 아마도 이 노래보다는 좀더 활기차고 즐거운 노래였을까? 나도 조금 더 빠른 템포의 노래를 부른다.

그러나 역시 지나가버린 것에는 어울리지 않았다.

Oh Danny boy, the pipes
the pipes are calling from glen to
glen and down the mountain side
The summer' s gone
And all the roses are falling
It' s you, it' s you must go
And I must bide
Someday may he come
when all the flowers are dying
And I am dead, as dead I will may be

책쓰기 프로젝트 수업에 관한 보고서

교육의 목적은 현 제도의 추종자를 만드는 것이 아니라 제도를 비판하고 개선할 수 있는 능력을 배양하는 것이다.

—다치바나 다카시, 『도쿄대생은 바보가 되었는가』에서

우리는 지금 바보들을 양산하는 교육을 하고 있는지도 모른다. 이런 교육이 앞으로도 지속된다면 대한민국에는 솔직히 미래가 없다. 교육이 백년지대계라고 말만 할 것이 아니라 그것을 실천할 수 있는 구체적인 방안을 찾아야 한다. 그러한 구체적인 방안 가운데 하나가 바로 글쓰기를 통한 능동적인 사고력의 향상이다.

인류는 수천 년 동안 시각화, 혹은 영상화의 기쁨을 발견하며 살고 있다. 글쓰기의 즐거움이란 모든 예술 작품처럼 가시적인 것에 있다. 공동체의 특징을 간직한 구술문화에 비해 개인적이고 감각적인 즐거움을 내포한 문자문화, 즉 글쓰기를 통해 우리는 세상을 향해 스스로를 드러낸다. 인간은 자신의 삶을 표현하지 않고는 살아갈 수 없는 존재다. 자아 표현의 욕구가 사라지지 않는 한 글쓰기 능력은 인류에게 언제나 필요한 것이며, 그런 점에서 글쓰기란 인류 최고의 핵심 문화 역량이다. 글쓰기는 자신이 바로 주인공이다. 자기표현의 욕구가 그대로 드러난 방식이기 때문이다. 그런 점에서 글쓰기는 대단히 민주주의적인 정신을 반영한다.

글쓰기의 정신이 민주주의라면, 글쓰기의 덕목은 바로 자유이다. 사람들의 입에 재갈을 물리는 것이 아니라 사람들의 입에서 자신의 노래가 흘러나오게 해야 한다. 글쓰기를 통한 학교 교육도 마찬가지이다. 어린 학생들이 뭘 아느냐고 화를 낼 것이 아니라 아이들의 자유로운 소리에 귀를 기울이는 것이다. 입을 여는 것은 할 말이 있기 때문이다. 마찬가지로 무엇인가를 쓴다는 것은 무엇인가 문제 상황이 있다는 것이다. 할 말이 없을 때는 입을 닫는다. 문제가 없는데 억지로 글을 쓰지는 않는다. 글쓰기가 한갓 유희가 아닌 것은 글 쓰는 행위 자체가 갖는 실천성 때문이다.

따라서 글쓰기, 나아가 책쓰기 교육은 단순히 자신의 생각을 표현하고 주어진 현실을 비판하는 능력을 배양하는 것이 아니다. 현상이 지닌 다양한 모습들에 대한 나름대로의 통찰을 통해 자신의 미래를 기획하는 작업이다. 현재를 진단하면 미래를 꿈꿀 수 있다.

진실로 행복한 사람은 누구일까? 겉으로 행복해 보이는 사람도 끊임없이 불행을 탄식하는 사람일 수 있다. 진정 행복한 사람은 자신이 세상을 기획하고 주도하는 사람이다. 세상을 기획한다는 것이 거창한 것이 아니다. 이런 사람에게 있어 세상이란 바로 자기 자신이기 때문이다. 자연과학의 발전으로 인해 사람들은 매우 편리해졌다. 이제는 기계가 사람을 지배하는 시대가 되고 있다. 지금 현재 나도 펜이 아니라 컴퓨터 자판으로 글자를 두드리고 있다. 하지만 기계는 사람을 놀라게 만들 수는 있어도 감동을 줄 수는 없다. 그 한계는 자명하다. 단순히 놀라는 현상으로 사람들에게 다가갈 수는 없다. 워낙 놀라는 일들이 많아 사람들은 이미 거기에 익숙해져 있기 때문이다. 사람들과 공감할 수 있는 사람은 결국 감동을 주는 이야기를 만드는 사람이다. 우리는 본질적으로 이야기 속에서 살아가는 사람이기 때문이다. 하지만 그 이야기에는 반드시 마음이 전제되어야 한다. 마음과 마음이 만나는 이야기, 이른바 진정성을 지닌 이야기만이 다른 사람의 공감을 유도할 수 있다. 이야기의 힘은 진정성에서 나온다. 사람이 사람의 진정성을 느끼는 순간 그 사람의 마음에 접속한다. 그 접속은 따뜻한 체온을 공유하는 것과 같다. 거기에서 사람은 편안함과 더불어 행복을 느낀다. 생각의 공유에서 주어지는 편안함은 최고의 행복이다. 그것이 바로 공감이다.

삶의 방식은 모두 다르다. 따라서 내 삶이 이미 하나의 이야기이고 그 이야기는 날마다 달라진다. 그 무엇으로 인해 내가 행복할 수 있었다면 타인도 충분히 행복할 가능성이 많다. 내가 지금 현재 글을 쓰는 것으로 인해 행복하다면 타인도 마찬가지일 것이다. 그 마음을 만나야 한다. 따라서 우리 모두는 이미 크리에이터가 될 필요충분조건을 갖추고 있다. 지금 바로 접속하라, 횡단하라, 그리고 생산하라. 두려워할 필요가 없다. 길은 걸어가는 사람들에게만 존재하는 것이니까. 내가 지금 행복을 위한 이야기를 창조한다면 그것보다 행복한 일이 어디 있겠는가?

『13+1』은 책쓰기 프로젝트 수업의 결과물이다. 프로젝트 수업 방식의 '나만의 책쓰기' 프로그램은 학생들 각자 자신만의 주제를 선정하여 한 편의 보고서를 작성하는 프로젝트 완성 방식의 수업이다. 즉, '책쓰기 교육' 이란 학생들이 각자의 흥미, 관심, 적성, 진로 등에 적합한 주제를 선정하고 다양하고 깊이 있는 정보를 조사 · 연구한 후, 그 성과를 책으로 출판하는 과정을 지도하는 학교교육 프로그램이다. 대략 A4 용지 30매 내외, 즉 원고지 250매 이상의 작은 '책' 을 한 학기 동안에 걸쳐 완성하도록 지도하는 방식의 프로그램이다.

대입논술시험이 획일적이고 난해한데다 고작해야 원고지 15장 정도의 수동적이며 형식적인 답안 작성 능력을 중시했다면, 이러한 방식의 수업은 학생 스스로의 문제의식에서 출발하여 주제를 직접 설정하고 능동적이며 실질적인 대안 제시 능력을 강조한다. 즉, 기존의 논술대비교육이 주어진 텍스트(논술주제)의 정확한 분석과 이에 대한 답안 작성 능력을 기르는 방식이었다면, 프로젝트형 수업 방식의 '나만의 책쓰기' 프로그램에서는 학생 스스로 자신의 진로와 흥미, 적성과 능력 등을 고려하여 자신만의 주제를 설정하여 책을 쓸 수 있도록 지도하는 방식이다.

책쓰기 수업은 남이 제시한 문제에 훌륭하게 답하는 수준을 넘어서서 스스로 문제의식을 일으켜 주제를 선정하고 중량감 있게 자신만의 책쓰기를 통해 해결 방안(대안)을 제시하는 데 목표가 있다. 만일 논술을 집중적으로 대비하고 싶다면, 해당 대학의 논술 대비 방안을 주제로 삼아서 작성하게 해도되므로 입시 논술에 매달려 있는 소수의 학생들에게 도움이 될 수 있을 것이다. 논술을 중시하면서도 논술을 넘어서는 방법이 바로 '나만의 책쓰기' 프로그램이다.

교육이 아이들에게 꿈을 주는 것이라면 그 꿈은 대부분 도서관에서, 그리고 그 속에 있는 수많은 책에서 이루어진다. 따라서 능동적으로 책에 접근하여 자신의 꿈을 찾을 수 있는 프로그램의 개발이 절실한 것이 작금의 현실이다. 책쓰기 프로젝트 수업은 책쓰기를 통해 자신의 꿈을 구체화하는 수업이다.

'책쓰기 교육' 은 단순히 책쓰기를 위한 수업이 아니다. 기본적인 책읽기, 글쓰기는 물론 아이들과 함께 '꿈' 을 찾아가는 과정이다. 결과만이 아니라 과정을 중시하는 수업이다.

수업을 진행하는 동안 내내 행복했다. 아이들 스스로 한 권의 책을 만들어나가는 과정이 아름다웠다. 한동안 지켜 볼 수 있는 여유도 가지게 되었다. 그래야 아이들 가슴마다에 담긴 커다란 고래를 볼 수 있다는 믿음도 가지게 되었다.

『13+1』은 아이들의 소중한 마음이 담긴 글이다. 작은 시작일 뿐이지만 이 프로젝트 수업을 계기로 우리나라 모든 학교가 아이들이 마음껏 꿈을 꾸고 그 꿈을 펼칠 수 있는 공간이 되었으면 하는 바람이다.

'책쓰기 프로젝트' 수업 일지를 간단하게 소개하면 다음과 같다.

■ 제1차시(2008. 9. 9): 꿈 상상하기

· 학생 선발 및 프로젝트 수업 소개

· 프리젠테이션을 통한 수업 전반적인 흐름 인식

· 동영상을 통한 꿈의 소중함 깨달음

· 동화 두 편 읽기

→ 피터 레이놀즈의 「점」, 생텍쥐 페리의 「어린 왕자」

· 아이들의 자유로운 이야기 나누기

· 자신의 꿈에 대해 상상하기

· 책쓰기 수업의 4대 요소

→ 프로그램, 교사와 학생의 관계, 교육과정, 교수방법

■ 제2차시(2008. 9. 26): 글쓰기의 기초 활동

· 1분간 글쓰기

· 1분간 생각하고 1분간 글쓰기

· 1분간 생각하고 3분간 글쓰기

· 5분간 생각하고 5분간 글쓰기

· 10분간 생각하고 10분간 글쓰기

· 주제를 선정하고 관련 자료를 찾아 정리하기

· 제한 없이 생각하고 제한 없이 글쓰기 (수업종료 전까지)

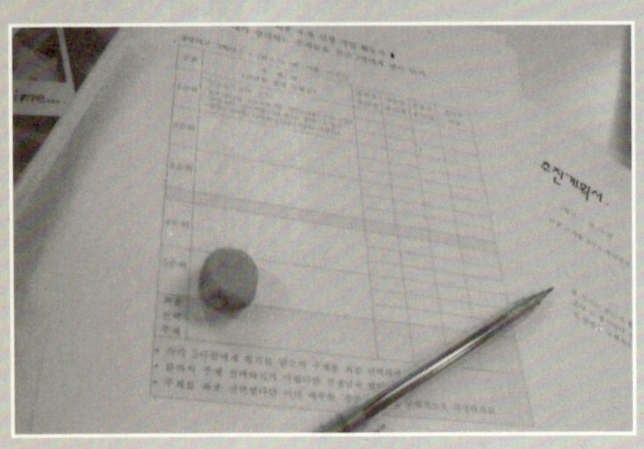

- 제3차시(2008. 10. 10): 사고의 확장

· 지도 그리기 : 자유연상을 통해 사고 확장하기

· 낱말과 낱말의 연결을 통한 은유적 사고 이해하기

· 동사와 형용사를 활용한 은유적 사고 확장하기

· 원형정리법을 통한 자신의 꿈 확장하기

- 제4차시(2008. 10. 24): 자료 수집과 목차 정하기

· 자료 수집과 정리

· 도서관에 있는 책의 목차 확인하기

· 마음에 드는 목차를 가져와서 정리하기

- 제5차시(2008. 11. 7): 신문 활용 교육(NIE)

· 신문 기사 제목에 의문부호 달아보기

· 신문에 나오는 기업들을 통해 자신의 꿈 연결하기

· 신문 기사 비판하기

■ **제6차시(2008. 10. 24): 책쓰기 추진 계획서 완성**

· 주제 정하기 : 주제 최종 확정표와 최종 주제 선정 작업 활동지를 통해 자신의 주제를 확정하기

· 자신이 작성한 주제에 대해 동아리 회원들과 함께 평가하기

· 동아리 회원들이 가장 높은 점수를 부여한 주제에 대해 나만의 책 내용 발표하기

· 발표를 들으면서 평가하고 도움주기

· 추진 계획서 작성하기

· 추진 계획서를 지도 교사에게 제출하고 마지막 확인 절차 밟기

· 14명의 학생 중에 6명의 학생은 수정 지침내려짐

· 추진계획서를 통해 지도교사와 개별 면담하기

■ 제7차시(2008. 11. 14): 추진 계획서 2차 발표

· 보편적이면서도 특수한 느낌이 드는 편집과 목차 고민하기
· 추진 계획서를 동아리 회원들에게 나누어 주고 다시 발표하기
· 회원들은 발표를 들으면서 자신의 의견을 개진하고 도움주기
· 묶음책 전체 체제 정하기
· 도서관의 책을 통하여 자신의 책 점검하기

■ 제8차시(2008. 12. 5): 책 편집 체제 정하기

· 자료 수집하기
· 그림이나 사진 첨가에 대한 의견 나누기
· 만화 그리기
· 목차 정하기
· 프리젠테이션 준비하기
· 발표 차례 정하기, 전체 책 차례 정하기

■ 제9차시(2008. 12. 19): 책쓰기 프로젝트 수업 공개

· 주제 : 책쓰기 프로젝트 수업 과정 소개 및 책 프리젠테이션
· 대상 : 대구광역시교육청 관내 초 · 중 · 고등학교 교사
· 순서 : 교사 발표 → 학생 발표 → 질의 · 응답 → 정리

■ 제10차시(2008. 12. 26): 원고 검토하기

· 1차 원고(한글문서) 제출하기
· 원고 돌려 읽고 의견나누기
· 부족한 부분 채워주기
· 원고 편집에 대한 의견나누기
· 도서관 책을 활용한 원고 수정하기
· 전체적인 체제잡기

■ 제11차시(2009. 1. 9): 원고 2차 수정하기

· 전문가 인터뷰하기(선택사항)

→ 전문가 직접 인터뷰, 서면/전화/가상 인터뷰 등

· 사진이나 그림 편집하기

· 동아리 회원들 상호 간 원고 검토하기

· 2차 원고(그림, 사진 포함) 제출

■ 제12차시(2009. 1. 23): 최종 원고 제출 및 출판하기

· 원고를 통해 자신의 꿈과 연결하여 설명하기

· 원고 수정하기

· 지도교사와 마지막 원고 검토하기

· 최종 원고 제출(2009. 2)

· 출판(2009. 5)